日本語の歴史
青信号はなぜアオなのか

小松英雄

笠間書院

写真——原　弘／アマナイメージズ

装幀——芦澤泰偉

Contents

目次と あらまし

はしがき | 1

現代日本語をより深く理解するために役立つ、おもしろくて、わかりやすい、正統の日本語史を―。

0 イントロダクション | 10
日本語史の知識はどのように役立つか

現代日本語の実像を的確に捉えることが日本語史の目的である。したがって、その軸足は、つねに現代日本語の上にある。日本語史は現代日本語から出発し、現代日本語に帰着する。

1 日本語語彙の構成 | 31

ワンワンやゾロゾロなど、活写語の重要性を確認する。音韻体系の異なる古代中国語を借用して漢語を形成し、また、現代英語を借用してカタカナ語を形成して豊富な語彙をもつことができたのは、多様な音のリソースが活写語にあったからである。

2 借用語間のバランス | 63

漢字を自由に組み合わせて形成できる漢語は造語力に富んでいるが、その副作用として、現代日本語は漢字を見ないと理解できない言語になっている。難解な漢語をカタカナ語で置き換えることによって、現在、そのひずみが修正されつつある。

3 言語変化を説明する | 118
怪しげな説明から合理的説明へ

p>Φ>h というハ行子音の変化は発音労力の軽減として説明されてきたが、聞き手にどのように聞こえるかという視点が欠落していた。その誤りを指摘し、言語変化の捉えかたを考える。

4　音便形の形成から廃用まで | 139

音便形は発音の便宜のための語形であると説明されてきたが、その説明の矛盾を指摘し、文体指標としての機能に着目して、形成から廃用までの過程を跡づける。

5　日本語の色名 | 167

シロ、クロ、アカ、アヲの4原色を基盤として形成された色名の体系と、その発達過程とを、アオに着目して跡づける。言語を構成するすべての要素は、それぞれに独自の機能を担って体系のなかに位置づけられていることを明らかにする。

6　書記テクストと対話する | 210

書記テクストを無機的な資料として処理したりせずに、対象と対話する姿勢で臨まなければ真実を引き出すことはできない。クレナキ、カラクレナキを例にして、対話の実践を試みる。

7　係り結びの機能 | 235

ゾ、ナムの機能は、その直後で、ディスコースの展開を、ヒトマズ切る（ゾ）、大きく切る（ナム）、と予告することであった。その機能は徐々に形成された接続詞によって置き換えられた。コソは直前の語を択一する助詞であり、現代語にも生きている。

索引　253
第2刷補注　257

はしがき

　00　日本語を話して生活しているすべての人たちに日本語の正しい姿を理解してほしいというのが筆者の願いであり、また、それが、そのまま本書のねらいでもある。

　そういう願いの実現である本書に「青信号はなぜアオなのか」という、首をかしげるような副題を添えたことには、筆者なりの思い入れが込められている。

　日本語にはミドリという色名があるのに、どうして、青信号などという、イイカゲンなよびかたをしているのであろうか。

　疑問を育てない人たちは、このズレについて即座に解釈を与えるであろう。そして、そもそも日本語は、そもそも日本人は、という一般論にさえ発展させてしまいかねない。

　もうすこし柔軟な人たちなら、狭義のアオはブルーであるが、広義のアオにはグリーンも含まれるからだと、この現象を肯定的に説明しそうである。国語辞典の解説は、おおむね、そういう立場をとっている。しかし、マッサオナ顔、アオザメタ顔は、ブルーでもないし、グリーンでもない。恐怖や不安におののく、血の気の引いた顔色である。アオイ顔が顔色であって顔の色ではないとしたら、日本語のイロの概念が、まずもって解明すべき問題になる。

　日本語話者は、日本語について、いちいち、おかしいとか不思議だとか感じることはない。しかし、ふとしたきっかけで、こういう、ごくあたりまえのコトバを見直してみると、①　日本語には日本語独自

の体系があること、② その体系は長い歴史の所産であること、そして、③どのコトバも、体系のなかに位置づけられて運用されていること、などがわかってくる。

現代語を深く理解するために役立つ日本語の歴史は、軸足を現代日本語に置き、身近な疑問を着実に育てることによって、日本語の運用原理を明らかにするものでなければならない。

「青信号はなぜアオなのか」という、疑問形をとった副題は、素朴で具体的な疑問から出発して、日本語の運用原理を解明しようという基本姿勢の象徴的な表現にほかならない。

アオに関しては５章「日本語の色名」で考えるが、本書全体が、そういう視点からの問題提起であり、問題解決の実践でもある。

日本語史とは、本来、だれにとっても、おもしろく、そして、役に立つ知識である。筆者の役割は、その核心をわかりやすい表現で提示することである。実のところ、筆者の文才では、わかりやすくというのがいちばん高いハードルであるが、この際、是が非でもそれをやりとげなければならないという使命感のようなものに駆られて書いたのが本書である。それには、以下に記すような事情がある。

01 筆者は、日本語史研究の方法論について書くことを最後の課題にしてきたが、いよいよそれに取り掛かろうというところに来て意欲を失ってしまった。それは、ここ数年間に刊行された日本語史／国語史の概説書に目をとおして、筆者の立場との落差があまりにも大きいことを痛感させられたからである。

日本語史の概説を標榜しながら、現代言語学や言語史研究の成果にまったく関心を示さない国語史研究者によるものが多く、洞察の片鱗もないお茶のみ話以下の垂れ流しまでが版を重ねている。ほんとうに

情けない思いがした。

　大学の講義がこういうテキストに基づいて進められているとしたら、筆者が提示しようとする方法など、問題にもされないであろう。

　困ったのは概説書だけではない。以前から気にしていたが、著名な批評家が最高の賛辞を呈した教養書などに、まさかと目を丸くするようなことが、もっともらしく説かれている事例があまりにも多い。

　このような文化的風土ができあがってしまったのは、正統の日本語史研究の成果が日本語社会に還元されていないからである。

　日本語の歴史を解明することに生涯を費やしてきた一人の研究者として、この状態を放置すべきではない。このまま死んでしまっては社会的責任が果たせない。まだ頭が働くうちに言うべきことを言っておこうと決心した。

　日本語の歴史とは、こんなにおもしろいものだったのだ、日本語の歴史は役に立つ知識だったのだと、みんなに理解してもらいたい。

　筆者は方針を転換し、おもしろくて役に立つ、わかりやすい日本語史入門を書いてみようと考えた。そういう本を書いて、社会人のみなさんや、専門、非専門の学生諸君、教職に携わっているかたがた、そして、専門領域の研究者にも読んでいただき、着実な底上げをしなければならない。筆者に残された時間は少ないので二の足を踏んだが、ともかく、やってみようと腹を据えた。

02　日本語史とは、古代日本語についての、浮世ばなれした話だと思い込んでいる読者がほとんどであろうが、すべての日本語話者は、すなわち、日本語の環境で生まれ育った人たちは、日本語社会の一員に組み込まれ、日本語の歴史の流れのなかに生きていることを忘れてはならない。

若い読者でも、子どもの時分の記憶を呼び戻せば、身の回りの日本語がいろいろの面で変化していることに気づくはずである。

　日本語が変化したのは、だれかが変化させたからである。現に変化しつつあるのは、だれかが変化させているからである。そのダレカとは、どこのだれであろうか。日本語を話しているのは日本語話者であるから、そのダレカは、日本語社会のなかにいる。ただし、自分にはそのようなおぼえがないから、自分以外のダレカであると、一人残らずが考える。

　ダレカといっても、日本語は日本語社会における情報伝達の媒体であるから、日本語を変化させた<u>犯人</u>が一人や二人であるはずはない。

　犯人とは悪事を働く人間のことである。しかし、日本語は、一部の人たちが思い込んでいるように、崩壊や堕落の道をたどったりしているわけではない。

　<u>日本語は、個々の日本語話者のウチにある</u>。日本語話者の一人一人が、日本語を、もっと使い勝手がよくなるように変化させてきたし、現在も変化させている。日本語を話すことによって、自分自身も変化の進行に参加している。

　日本語史の目的は、現に話されている日本語を、日本語話者の集団によってコントロールされているダイナミックな体系として把握し、日本語運用のメカニズムを、そして日本語に生じる変化のメカニズムを理解することにある。

　日本語がひとりでに変化するはずはない。日本語話者が日本語を変化させているのだという事実を明確に認識することが、日本語の歴史への入り口である。

　読者のほとんどすべては日本語話者であると前提して、ここまで、

日本語を中心に置いて考えてきたが、原理に関わる事柄であるから、「日本語」を「言語」と置き換えても同じことである。ただし、本書では、「日本語話者」と「日本人」とを明確に区別する（→000注）。

03　本書をつうじて筆者が明らかにしたいのは以上のようなことであるが、どういう事柄を例にとって、どのように書いたらよいかという段になって大いに困惑した。ダレが読んでも役に立つという、そのダレの範囲を広くとったためである。いろいろと考えた末に、このような形になった。心余りて力足らずという結果になってしまったが、筆者の「心」は汲んでいただきたい。

04　書きたいことは山ほどあるが、ぜひとも本書で扱いたい事柄が、まず、ふたつあった。そのひとつは唇音退化とよばれる一連の音韻変化（→3章）であり、もうひとつは音便（→4章）である。両方とも一般の常識になっているので、日本語史の捉えかたについて考えやすい話題だからである。

なにかを話すのは、相手に理解させるためである。それなのに、これまでは、発音が変化したのは、発音の労力を軽減するためであるとか、「発音の便宜」のために生じた語形であるとか、話す側の立場だけで考えて、それが聞き手にどのように聞こえたか、あるいは、聞き手は正確に理解できたかという観点がスッポリ抜け落ちていた。

本書では、情報伝達の媒体として機能する言語の、その本質を無視したこういう説明が、常識としてまかり通っている現状を指摘し、日本語史の捉えかたをきちんと提示したつもりである。

近時、議論のやかましいカタカナ語の問題も、日本語の語彙のありかたという観点から検討を試みた（→2章）。

もうひとつ、ぜひ扱いたかったのは敬語の問題であるが、これは分

量の関係で割愛した。本書を読んでいただければ、敬語についても、筆者が、巷間で議論されているような観点でその問題を捉えていないことを推察していただけるはずである。本書を起爆剤にして、そういう問題を読者自身で考えていただきたい。

05　本書では、ひとつの疑問を解決する過程で出てきた疑問をつぎつぎに解決してゆく連鎖方式をとっている。生きている日本語を対象にして、言語運用のありかたについて洞察を深めるには、その方式がよいと考えたからであって、脱線また脱線の連続ではない。これは、長年の間に筆者が身につけたアプローチでもある。

ひとつの疑問が解決されれば、新たな視点から、つぎの疑問が必ず浮かび上がってくる。その繰り返しで数十年を過ごしている間に、少しは視野が広くなり、モノの奥が見えるようになってきたと筆者は感じている。

06　連鎖的叙述の形式をとったので、イントロダクションの書き出しから、7章の末尾まで明確な切れ目はない。ただし、そのままではとても読めないので、適宜に分断し、それぞれの節に見出しを添えてある。詳しい目次を整えて書いたわけではないので、無理に付けた見出しも少なくない。

07　建設のための破壊として、現在の有力な考えかたや俗説めいた解説を随所に批判している。特に、概説書は社会に及ぼす影響が大きいので直言を憚っていない。現在、そういうことが実際に大学などで教えられているという事実を指摘し、誤りを是正するのが目的であるから、出典表示は、すべて、[概説書]とする。考えかたの違いだけを理解していただけばよい。他の出典にも、原則として著者や編者の固有名詞を省略する。

はしがき

 08 『日本語はなぜ変化するか』(笠間書院・1999)には、筆者の考える日本語史のありかたが、本書と別の形で提示されているので参考にしていただきたい。

 09 学才と筆力とに恵まれた意欲的な研究者が、<u>さらに</u>おもしろく、<u>さらに</u>役に立ち、<u>さらに</u>わかりやすい日本語史入門を書いて、開拓者としての本書を古くしてくださる日が早く来ることを期待している。

謝辞
　池田つや子社長にこのたびもわがままをお聞き届けいただき、いつものように橋本孝氏の懇切な助言と協力とを仰ぐことができた。具体的な処理については岡本利和氏に細部にわたって面倒をみていただいた。主題も副題も、橋本、岡本両氏と合議して決定した。先代社長、故池田猛雄氏を含めて、笠間書院のみなさまに心から謝意を表したい。
　　2001年9月　　　　　　　　　　　　　　　　　　小松 英雄

凡例

† 各節の見出しに付した3桁の数字、3.04は、3章4節をさす。

† 他の章節への参照は（→304）の形式で示す。3.04の「.」印は省略する。

† 引用文献は、初出個所に、書名、出版社、発行年を記し、2回目以後の引用には、書名だけを記す。

† 筆者（小松英雄）の著書は、書名だけを示す。出版社や発行年は、奥付ページに記載されている。

† 読みやすさを優先して、カッコを画一的には使用しない。

† 漢語や和語を、適宜、片仮名で表記する。文脈による判断であるから、片仮名表記については、全体を統一しない。

† 以下の片仮名、平仮名は、それぞれ、[ ]内の音節に対応する。

　　ヰ ゐ……[wi]　　ヱ ゑ……[we]　　ヲ を……[wo]

発音に関する事柄は、その場、その場で必要な説明を加える。

日本語の歴史

青信号はなぜ アオなのか

0
イントロダクション
日本語史の知識はどのように役立つか

0.00　素人論からの脱却

　日本語話者（注）なら、だれでも日本語を自由に話すことができる。しかし、日本語とはどういう言語なのか、現在の日本語はどういう状態にあるのか、日本の言語政策はどのようにあるべきなのか、というような問題について的確な意見を言えるようになるためには、日本語の体系がどのようなメカニズムで運用されているかを、ひととおり心得ておかなければならない。

　子どもが、耳ザワリなコトバを使ったり、間違ったコトバづかいをしたときに、頭ごなしに叱りつけるか、正しい言いかたを教えてやるか、放っておくかは、それがどういうコトバであるかによって違うであろうし、そもそもコトバはどうあるべきかという考えの違いにもよるであろうが、大切なのは、懇々とたしなめたり、顔をしかめたりするまえに、どうして、そういう新しい言いかたが新しい世代に生まれてきたのか、その理由を考えてみることである。発熱したら解熱剤という対症療法ですませてしまわずに、発熱の原因をつきとめることが肝心である。

　若くない世代でも、「耳ザワリのよいメロディー」という言いかた

をする人たちが増えている。本来なら「耳障り」であるから、よいはずはない。

ミミザワリという語が形成されたのは、動詞サワル（＜サハル）が、差し障りがあるという意味で使われていた時期のことである。「キザな服装」のキザも、もとは「気障り」で、この言いかたもそういう時期に作られている。

動詞サワルが、「触れる」という意味に変わり、テザワリ、ハザワリ、ハダザワリなどが作られた。その変化を反映して、漢字表記も「障り」から「触り」に移行した。そのために、「支障」を意味する和語は、それまでサワリだけでつうじていたのに、サシサワリとかサシツカエとか言わなければならなくなっている。

サワリと言えば「触り」を意味する現在の状況において、ミミザワリが「障り」であることは、使用頻度の低いひとつの語のために余分な記憶を要求することになる。それでは効率が悪いので、「障り」という意味には使われなくなった（→章末補注）。

聞いて快い、やさしく耳を打つ、という意味の語があれば便利である。そこで、テザワリ、ハザワリなどに合わせて、ミミザワリが使われるようになった。

「耳触り」は、すでに使われなくなった「耳障り」を触媒にして形成されたことになる。

若い世代の語彙に「耳障り」がない状態で、どこかで聞いた覚えのあるミミザワリを「耳触り」という意味でだれかが使い、周囲がそういう意味に理解すれば、みんなが便利に使うようになる。その段階まで来れば、「耳ざわりのよいメロディー」を、もはや誤用とは言えなくなる。

自分の子にミミザワリのほんとうの意味を教えれば納得するであろうが、友だちの親も、それを教えるとは限らない。それどころか、そちらの親は、すでに「耳触り」派の一人であるかもしれない。遅かれ早かれ、みんなが「耳触り」という意味で使うようになることは目に見えている。

　これと同じようなことは、過去の日本語に数え切れないほど起こっているし、日本語に特有の現象でもない。自分が使っているコトバのなかに、そういう前歴をもつ語がたくさんあることを知れば、コトバの正誤についての認識が変わってくるであろう。日本語史の知識は、そういう意味でも役に立つ。

　中年の大学教師が、「彼は我々をヒゲしている」と立腹しているのを聞いて、なるほどと思った。「卑下する」という字面を「見くだす／見下げる」と言う意味に理解するのは自然である。今後、「卑下する」の意味がそのように変化するかどうかはわからないが、漢語には、つねにこのような問題が付きまとっている（→2章）。

　幼児は周囲の人たちが話すコトバを聞いて日本語の規則を身につける。しかし、教えられたコトバ、覚えたコトバだけを、生涯、使いつづけるわけではない。

　読者は、この文章と同じ組み合わせで日本語を読んだことがない。それなのに、すらすらと読んでいる。学校で習う国文法や英文法は、出来あがった文について、ああだ、こうだと分析するが、どれだけ多くの文を詳しく分析してみても、頭のなかで新しい文が作り出され、つぎつぎとあとに継ぎ足されて、まとまった内容が表現される仕組みはわからないし、新しい組み合わせが、話し手の意図どおりに理解される仕組みにも迫れない。今までにない組み合わせでコトバを使って

いるのであるから、言い誤りもするし、規則に合わない言いかたをしてしまうこともある。

　何十年も日本語を使ってきたのだから、日本語のことはなんでもわかっていると確信し、一人合点の日本語論を口にしたり、堂々と公表したりする人たちが少なくないのは困ったことである。一知半解の専門用語を交えて解説されたりすると、一般の人たちは、なるほどと納得しかねない。

　大きな書店には、たいてい「日本語」のセクションがある。すばらしい著作もあるが、啓蒙書、概説書、専門書を問わず、この領域には、客観性のない素人論がきわめて多い。

　筆者の言う素人とは、教授とか博士とか、そういう肩書きに無縁の人たちのことではない。言語学の知識が白紙に近い状態で、あるいは、学生時代の、厚いほこりをかぶった言語学概論の知識を更新せずに、日本語に関する指導的意見を述べることが許されるかどうかと疑問をいだかないノンキな人たちである。肩書族による素人論には特に警戒が必要である。

　本書はそういう素人論ではないと、筆者が太鼓判を押しても無効である。それを判定するのは、一人一人の読者である。

　日本語に関する素人論を展開する人たちには、自分自身の日本語をモノサシにして、現今の日本語が、特に若者たちの日本語が乱れていると断定し、日本語の将来を憂慮している人たちが少なくない。しかし、日本語は、若者たちを含むすべての日本語話者の共有財産であって、いかがわしい日本語屋さんたちの占有物ではない。

　日本語についての、よくわかる解説のなかには、造詣の深い専門家によるものもあるが、もっと多いのは、思いつきの素人論である。

粗悪な商品が世に出回るのは消費者に目がないからである。日本語に関する無責任な素人論が野放し状態にあるのは、読者が無批判だからである。これ以上、無責任な素人論を横行させないためには、読者の姿勢が変わらなければならない。

　太陽は東から出て西に沈むという表層レヴェルの説明は素直に受け入れるが、話が地球の自転に及ぶと、とたんに煩わしくなる。しかし、そこまで踏み込まなければ事の本質は明らかにならない。本書における筆者の課題は、どのようにして読者の関心を無理なく日本語の深層に誘い入れることができるかである。

【注】　日本語話者……〇日本語を日常的に使う環境で育ち、日本語を自然に身につけた人たち、すなわち、日本語のネイティヴスピーカー（生得話者、native speakers）をさす。〇日本語話者の大多数は日本国籍であるが、日本に定住している外国籍の人たちにも日本語話者はたくさんいる。〇このような文章は、「日本人なら～」というように書き始めるのが常識になっているが、言語に関して日本人という排他的用語を使用すべきではない。〇それと同じ理由で、母国語という用語も好ましくない。国籍にかかわらず、日本語話者にとって日本語は母語（native language、mother tongue）である。英語を母語とする人たちはイギリス人だけではないし、カナダ人やスイス人に母国語はない。このような用語に細心の注意を払うことが、グローバルに日本語を位置づけて考えるための第一歩である。

0.01　時間軸上の現代日本語

　日本語は変化しつづけてきたし、これからも変化しつづけるはずであるから、現に話されている日本語も安定した体系ではありえない。

　今日は明日の昨日である。すなわち、しばらく経てば現在が過去に

なる。そういう過程の連続が歴史である。逆から捉えれば、歴史は現在の無限の連続であるから、それぞれの時期の人たちにとってクローズアップされるのは現在である。

　日本語話者は、毎日、日本語を使いながら、絶え間ない変化のなかを生きている。人間が生まれてから死ぬまでの期間を静態として捉えるなら、歴史の一齣(ひとこま)を生きていることになるが、数十年が言語史の一齣ではありえない。我々にとっての課題は、どうすれば、現在の日本語を動態として捉え、日本語の体系がダイナミックに運用される、その実態に迫ることができるかである。

　時間の経過とともに変化するのはコトバの宿命である、と言われれば、そのとおりだと納得しかねない。万物流転の世界で、コトバだけが恒常ではありえない。変化を止めることができないなら、せめて、取り返しのつかない方向に進まないことを祈るほかはない。

　このような宿命論には致命的な誤解がある。それは、コトバを人間のソトにあるものとして捉えていることである。

　日本語という名称から思い浮かべる共通のイメージがあることは確かであっても、日本語を実体として見たことのある人はいない。コトバを話すときに口や鼻から出てくるのは振動した空気であり、耳に聞こえるのは音波による鼓膜の振動である。その振動には情報がぎっしりと織り込まれている。

　コトバは空気の振動であるから、発話された瞬間に消え失せる。

　対象が延々と持続してこそ歴史が作られると考えるなら、実体をもたず、持続することもないコトバに歴史などありうるはずはない。

　もし、コトバに歴史があるとしたら、コトバの場合、対象が持続するとはどういうことを意味するかをよく考えてみる必要がある。

0.02　有用性という視点

　筆者の考える日本語史の概念をこのあたりで規定しておこう。

　日本語史とは日本語の歴史であるという自明の定義を改める必要はない。問題は、この場合における歴史という語の概念規定である。

　歴史とは太古から現代までの変化の軌跡であるから、日本語がどのように変化してきたかを跡づけるのが日本語史である、というのが世間一般の理解である。すなわち、日本語史とは、時間の経過につれて日本語がどのように変貌してきたかを概観できるように編集されたアルバムだという考えかたである。

　つぎの解説には、そういう常識的な見かたが述べられている。

　○日本語は、時の流れにともなって変化してきています。こうした
　　日本語の言語変化を明らかにするのが日本語史です。　［概説書］

　この立場で考えるなら、日本語を変化させてきたのは時間であるから、それぞれの時期の日本語話者は、たまたま、その時期に、そういう状態にあった日本語を話して一生を送ったにすぎないことになる。

　「こうした日本語の言語変化を明らかにするのが日本語史です」と記されているが、言語変化について、どのような事柄を明らかにするかは明示されていない。

　現に話されている日本語が、過去にどういう姿をもっていたか、また、それが、どういう過程を経て現在の姿にまで変わったのかという話は、多くの日本語話者の素朴な興味をそそる。しかし、語られた話がすべて正しいと仮定しても、その知識がどういう役に立つかとなると首をかしげざるをえない。まして、日本語話者以外の多くの人たちにとっては、過去の日本語のことなど、どうでもかまわない。

　物珍しいだけで役に立たない情報をどれほど収集しても意味がない。

情報は、特定の目的のために収集するのが本筋であって、手当たりしだいに情報を収集したあとで、その情報を生かす道を探したりするのは本末転倒である。

日本語史や国語史（注1）の概説書は少なくないが、それらのほとんどは、過去の日本語を、表面的に、しかも、きわめて不完全に解説したものにすぎない。

以下に引用するのは、「日本語史研究の視点」という文章の、冒頭の節「何のために」と、結びの節「忘れてはならないこと」との、一部である。

○日本語の将来を予測するために、そのための客観的データを提供するために、私たちは日本語史研究にたずさわっているのである。
○日本語の実態は日本人の心の反映であり、善きにつけ悪しきにつけ、その歴史は記録し分析していかなければならない。その仕事にたずさわるのが日本語史研究者なのである。話され書かれた日本語そのものが日本人の心の文化遺産だからである。

[『日本語史研究入門』2000年9月・明治書院]

この文章の筆者は、日本語史研究にふたつの目的があると考えている。すなわち、そのひとつは、①将来の日本語を予測するためのデータを提供することであり、もうひとつは、②過去の日本語を記録することである。

過去の日本語を記録しても、どのように役立ててよいかわからないが、日本語の将来を予測できるとしたらすばらしいことだと考える読者がいるかもしれない。しかし、将来、どれほど研究が進歩しても、可能なのは、特定の限られた事柄についての短期予測だけであって、日本語の将来の状態を予測することは原理的に不可能である。

今から100年前(明治末期ごろ)、50年前(いわゆる戦後の時期)のデータに基づいて現在の日本語の状態を予測したとしても、その結果が現実と一致することはありえない。言語は社会の変化に連動して変化するが、社会の変動を具体的に予測することはできないし、社会の変動が言語にどのように具体的に反映されるかは、必ずしも一定ではない。また、予測が可能だと仮定しても、人口動態や自然災害などと違って、変化にそなえて対策を立てる必要はないから、役に立たないことに変わりはない。

　日本語史研究とよばれる領域には、このように、言語についての、そして、言語史についての洞察が欠如しており、率直に言って研究の体をなしていない。ただし、それは大勢についての批判であって、新しい世代には、このような批判を受けるいわれのない正統の研究も生まれている。新しい芽が着実に育ちつつある時期だけに、進歩した言語研究の現状に背を向けた、自己閉鎖的な概説書が若い世代の頭脳を蝕むガン細胞になることを防がなければならない。

　日本語社会(注2)における情報伝達の媒体として機能している日本語が、現在、どのような状態にあるかを的確に把握するためには、日本語史から得られる知見が不可欠である。

　日本語史がどういう役に立つかについての筆者の考えを、「はしがき」に記した以上には安直に述べないことにする。本書の内容全体が、日本語史はどういう役に立つかという疑問に対する筆者の答えだからである。

【注1】　日本語史、国語史……○日本語史とは、日本語を多くの言語のひとつ

として客観的に捉える立場からみた日本語の歴史であり、国語史とは、日本語を、わが国の言語、我々日本人の言語として捉える立場からみた日本語の歴史である。○本書の定義による日本語史研究は、まだ研究者の数が少なく、蓄積も浅い(『日本語はなぜ変化するか』)。○国語史研究が近世の国学の流れを濃厚に継承しているのに対して、日本語史研究は、言語学の方法に基づく研究である。ただし、近年は、旧来の国語史の内容をそのままにして、名称だけを日本語史と改める風潮が顕著に認められる。

【注2】 日本語社会……日本語を情報伝達の媒体とする言語共同体(speech community)の、もっとも大きな単位をいう。地域差などによって、さらに小さな言語共同体に区分される。日本語社会は日本社会と地域的にはほとんど重なるが、捉えかたが異なる。日本国外にも小さな日本語社会があるし、日本のなかにも日本語以外の言語を情報伝達の媒体としている大小の言語共同体がある。

0.03 変化の予測

日本語の将来は予測できないし、予測する必要もないというのが、前節に述べた筆者の考えであるが、日本語がどのような方向に動きつつあるかについて、つぎのような予測を述べた概説書もあるので、立場の相違を明確にしておこう。

○何十年、ことによると何百年か経った時、日本語の動詞は四段・上一段・下一段の三種だけに、活用形は連用・連体の二形だけに、統合されて了っているかもわからない。その一方で日本語に、体言を中心とした屈折語化の萌しがあるように見える(略)ことは、ものの変革というものが、今のあり方から離れようとすることに他ならず、その限り語形変化の用言からは変化を消そうとする動きが、語形無変化の体言においては変化を作ろうとする動きが、

それぞれ生じているのだと納得できるとすれば、言語の動きとして興味をそそられるものがあるのではなかろうか。

[概説書「活用形の整理統合」]

　この著者の言う「屈折語化」について、必要最小限の説明を加えておこう。

　19世紀ヨーロッパの比較言語学では、世界の言語をつぎのみっつの型に分類する考えが有力であった（注）。

　　孤立語……動詞の活用や、名詞の性、数、格など、形態の変化がない言語。中国語など。

　　膠着語（こうちゃく）……形態と形態とが膠（にかわ）で接着したような関係でまとまりを作る言語。「僕は／僕に／僕だけ」、「取りたい／取れば／取ろうか」。日本語など。

　　屈折語……ひとつの形態素（意味単位）が、文法的関係によって語形を変える言語。「I〈主格〉、my〈所有格、属格〉、me〈目的格〉」、「do（現在）、／did（過去）、／done（過去分詞）、「dark（原級）／darker（比較級）／darkest（最上級）」。ドイツ語、英語など。

孤立語は言語として未発達の段階にある。屈折語はもっとも進歩した優秀な言語である。膠着語は両者の中間に位置している、という考えかたである。古典的なこの分類の背後には、ドイツをはじめとするヨーロッパの言語学者たちの、独善的優越感がある。現今の言語学では、これとまったく観点の異なる類型論（typology）が発達している。

　この概説書の著者は、別の概説書に、つぎのように述べている。

　○理論的にも現実的にも膠着方式がもっとも合理的であることの反映として、屈折語や孤立語に属する言語が、歴史的に膠着語化の

道を歩んで来たし、今も歩んでいるという事実があることは、とりわけ興味を引く。［概説書（日本語概説）「屈折語と孤立語」］

言語に優劣があるという思い込みにおいて、また、みずからの言語を最優位に位置づけて疑わない点において、この著者の立脚点は19世紀ヨーロッパの言語学者たちと共通している。

「事実」とは、客観的に確認できる事柄をいう。この著者が言うように、「理論的にも現実的にも膠着方式がもっとも合理的であること」が事実であるとしたら、そういう優れた言語を太古から話してきた日本語話者は、この上なく恵まれていたことになるが、ここに指摘されているような「とりわけ興味を引く」事実があることを筆者は知らない。そもそも、合理性を基準にして言語をランクづけるような考えかたが、現代の言語学で通用するはずはない（→500）。

不合理な孤立語や屈折語を話す人たちは、言いたいことも満足に言えないとか、同じことを言うのに何倍もの時間をかけるとか、頻繁に誤解が生じて困っているとか、そういう事実があると、この筆者は考えているのであろうか。

本書では一貫して言語の運用効率に着目するが、言語の違いによる運用効率の差は、事実上、ないと考えてよい。

日本語は膠着語であるが、名詞には「膠着ばなれ」が生じつつある、というのが、この著者が言うところの「体言を中心とした屈折語化の萌し」である。「俗語」であると断りを添えて示されているのは、つぎのような例である。

○ボカー（僕は）知らないよ。　ボクン（僕の）所へ来ないか。

「それが更に一般化すれば」、つぎのように、「日本語の名詞が語形変化する日が来るかもわからない」ということである。

○ボカー（主格）　　ボクン（属格）　　ボコー（対格）

　英語をモデルにして格を3種類にしてあるのかもしれないが、格助詞ニ（与格）についてこの現象が認められない理由は説明されていない。なお、英語の場合は、この区別が人称代名詞に跡をとどめるにすぎないが、日本語では、「ヤマー雪だんべー」、「ヤマン中に住んでる」のように、普通名詞にも同じ現象が認められる。さらに大きな問題は、「僕ワ」はボカーになっても、「君ワ」はキマーにならず、まして、「おまえワ」となると動きがとれないことである。

　日本語が、もっとも合理的なはずの膠着語でありながら、屈折語化の方向をとりつつあることについては、「人間の現実は、その理屈どおりに行かぬ所に面白味がある」という東洋思想めいた説明がなされている。支離滅裂というほかはない。

【注】　言語の分類……○国語学や国語史の概説書には、孤立語、膠着語、屈折語に抱合語（英. incorporated language）を加えた4分類を示しているものも多い。フンボルト（Wilhelm von Humboldt）によって追加された抱合語は、比較言語学で広くは受け入れられなかった。いずれにせよ、現今の水準からは著しく立ち遅れた分類である。こういう分類が新しい概説書に依然として出てくるのは、昔の本の無批判な敷き写しを疑わせる。○もはや、廃用に近いから実害はないが、たとえば膠着語は、単語のことではないから、膠着言語とか膠着性言語などとよぶのが適切であろう。たとえば、英語 under／stand／able は、みっつの形態素が膠着して形成されている。

0.04　安易な予測

　前節に引用した概説書のなかの、重大な誤りを指摘しておこう。

<u>ボカー</u>知らないよ、<u>ボクン</u>とこに来ないか、というたぐいの融合を屈折語化などと捉えるべきではない。「母校」ならボコーと表記してよいが、口にしてみればわかるとおり、「ボクオ（見ろ）」のぞんざいな発音と「母校」の発音とは違っている。この著者は、「君を」、「彼を」、「山を」が、今後、キモー、カロー、ヤモー、になるなどと大まじめで考えているのであろうか。

　言語の研究者が、現実の発話を観察せずに、また、現時点における言語学の到達水準を確かめようともせずに、思弁的に、そして、きわめて不徹底に言語を論じたりすることは自己否定になる。

　Could you please open the door? の *Could you* は、[kudju:] と発音される。*Would you* は [wudju:] になる。could、would は助動詞で、you は代名詞であるが、[dju:] は単一の音節（注）であって、[d] と [ju:] との間に切れ目はない。[wu] も [ku] も、それだけでは意味をなさないから、[wudju:]、[kudju:] は、それぞれが一体である。ボカー、ワタシャ／ワタシャー、コリャ／コリャーなどは、[wudju:]、[kudju:] などと同じレヴェルで捉えるべき現象であり、膠着語とか屈折語とかいう大時代な用語を持ち出して説明すべき事柄ではない。

　何十年後、何百年後には「〜かもわからない」ということであるが、長生きして見届けるまでもなく、洞察の欠如した思弁的予測が的中するはずはない。このような妄論が現今の概説書に出てくるのは、国語学が国文学と密着して近世国学の伝統を継承し、鎖国状態を続けたまま、言語学の進歩についてこなかったことの悲惨な結末である［『古典和歌解読』笠間書院・2000・付章「方法論」］。

【注】 音節……本書ではこの用語を常識的な意味で使用している。ンも1音節として数えている。音節の厳密な定義については、窪薗晴夫『語形成と音節構造』(くろしお出版・1995)や『言語学大辞典』第6巻（術語篇）（三省堂・1996)の「音節」の項などを参照。

0.05　日本語史のルツボとしての現代日本語

本書に提示するのは、前節末に批判した伝統的国語史に対するアンティテーゼとしての、言語史の方法に基づく日本語史である。

本書の目的は、①日本語が緊密な体系としてどのように運用されているかを明らかにすること、そして、②社会環境の変化に連動して効率的運用が維持できるように日本語の体系を更新してゆく、そのメカニズムを解明することにある。

本書の基本的立場はつぎのように要約される。遅かれ早かれ、これが日本語史の常識になるはずだと筆者は信じている。

(1)　日本語史の中心的関心の対象は現代日本語である。日本語史の軸足は現代語に置かれる。
(2)　日本語史は現代日本語から出発し、現代日本語に帰着する。
(3)　日本語史を解明する目的は、現代日本語の体系がダイナミックに運用されている実態に迫るために、言語変化のメカニズムを明らかにすることにある。

国語史研究のように、過去の日本語に生じた諸変化を時間軸に沿って記録したものを日本語史と考えるとしたら、記録する対象となる時期の下限は、ぜいぜい20世紀の半ばぐらいまでであろう。それ以後の時期は、まだ、過ぎ去った歴史として客観的に捉えることができないからである。

国語史が、対象を、過去の日本語だけに限定してきたのは、歴史という用語を、時間の推移にかかわるすべての事柄に一律に当てはめて考えてきたからであり、また、得られた知識がどういう役に立つかという観点を欠いていたからである。

　政治史や文学史などと違って、日本語史にとって、もっとも重要な地位を占めるのは現に話されている日本語である。現代語は日本語史の末端ではなく、中心的関心の対象である。日本語史にとって、過去の日本語は言語運用の基本原理を解明するための素材である。<u>古きを温(たず)ねる目的は、新しきを的確に解明することにある。</u>

　現代日本語を対象とする研究は、構文論を中心に、たいへん盛んであり、アメリカ言語学の影響が顕著に認められる。用語が伝統文法とかなり違っていることは、国際レヴェルの研究になってきたことの端的な表われである。

　現代日本語を対象とする研究を新しい流れだけに任せておかず、日本語史も現代日本語を中心的関心の対象とするのは、両者の目的と方法とが同じではないからである。両者は互いに補いあう関係にある。

　歴史を排除する現代日本語研究の目的は、時計を止めて現代日本語を静態とみなし、その体系を明らかにすることである。それに対して、日本語史研究は、時計を動かしたまま、日本語の体系がどのように運用されているかを観察し、また、どのように変化しているかを捉えて、言語変化のメカニズムを解明しようとする（注）。

　<u>日本語が刻々と変化するのは、日本語が日本語社会における情報伝達の媒体として効率的に機能しつづけることができるように、社会環境の変化に連動して体系を更新しつづけるからである。</u>

【注】 言語研究のふたつの立場……専門領域の研究者は、この部分の叙述から、ソシュールの二元論を想起するはずである。しかし、時計を止めるのは共時言語学であるが、時計を動かしたまま体系を捉えるのは、彼の定義による通時言語学ではない。そのことについては、『国語学』196（1999）所収の小論に一端を述べたが、つぎに予定している著書に敷衍して再述したい。本書では、そういう理論的問題に立ち入らない。

0.06　政治史／文化史／文学史に密着した国語史の限界

　日本語を変化させてきた社会環境の変化とは、具体的に、どのような要因がどのように変化することであろうか。

　国語史研究者の多くは、日本語に影響を与えた社会環境の変化として、貴族の時代（平安時代）、武士の時代（中世）、町民の時代（近世）、などの文化史的な変容を考えている。この区分は政治史に連動しているから、国語史概説のたぐいは、たいてい、政治史に基づく時代区分を採用している（『日本語はなぜ変化するか』）。

　たとえば、『万葉集』、『源氏物語』、『平家物語』、『好色一代男』に反映された日本語を、それぞれ、上代語、平安時代語、中世語、近世語の代表として互いに比較すれば、それぞれの時代における特徴も、また、変化の跡も歴然としているようにみえるから、区分の妥当性が裏書きされるとみてよさそうである。しかし、それは、文学作品を資料とすることによって浮かび上がった見せかけの特徴であり、変化として捉えられる現象もまた、見せかけの変化にすぎない。

　つぎに引用する助動詞ス／サス（注）の用法などは、文化史的な先入観が、研究者の正常な言語感覚を麻痺させている典型的事例のひとつである。『平家物語』だけに限っても、これと同様の用法は少なく

ない。

○向かへの岸より、山田次郎が放つ矢に、畠山、馬の額を箆深(ひたひのぶか)に<u>射させて</u> ［平家物語・巻九・宇治川の先陣］

向う岸から放った矢に、自分の乗った馬の額を、矢柄(やがら)が深く突き刺さるほど「射させて」ということである。

この「射させて」について、つぎのような説明がある。

○受身と解される部分に本来は使役の意の「す・さす」を用いたもので、受身の意が他から何かをこうむる意味を含みもつことから、<u>やられたのではなく、やらせたとすることによって、武士的な雰囲気を作りあげる効果を意図したものと考えられる</u>。(略、下線は筆者)
　　　　　　　　　　　　　　　　　　　　　［概説書「使役の助動詞」］

「と考えられる」と結ばれているが、執筆者独自の解釈ではなく、現今の共通理解に近いから、古語辞典の類にも同じように説明されている。高校の古文で、そのように習った読者も少なくないであろう。

○これは、軍記物では、「射られ」と受身で言うことを忌み、積極的に、敵に射させたものだとする特殊な用法だと思われる。

［『岩波古語辞典』第2版・1990］

先入観にとらわれず、虚心に対象に接しなければ実態は見えてこない。この場合には、ふたつの決め込みが誤った解釈を導く原因になっている。

決め込みのひとつは、武士だから勇ましい言いかたをするはずだということであり、もうひとつは、ス／サスは<u>使役の助動詞であるから</u>、サセルという意味に使うのが本来の用法だということである。

古典文法のス／サスを継承した口語文法のセル／サセルも、使役の助動詞として分類されている。

○言わせておけば、いい気になって。
○洋服を虫に食わせてしまった。

「言わせて」は、言うのをやめさせようとせずに、言うままに放置した、「食わせて」は、防虫のための適切な手段を講じないで、食うままに放置した、という意味であって、「言え」とか「食え」とか指示したという意味ではない。

○白散を、あるもの、夜の間とて、船屋形に差し挟めりければ、風に吹きならさせて、海に入れて、え服まずなりぬ

[土佐日記・元日]

白散は、元日に酒に浸して服用する薬である。その薬を、ある者が、夜明けまでの間だけというつもりで、船の上に作った部屋の外に挟んでおいたところ、風に「吹きならさせて」、海に「入れて」、服用できなくなった、ということである。

「吹き馴らさせて」とは、「風が吹くのにまかせておいて」である。「海に入れて」も、「海に落ちるままにして」、すなわち、「海に落として」であるから意図的な行為ではなく、そのようになるのを防ぐ有効な手を打たずに、ということである。

『土佐日記』も『平家物語』も、そして、現代も、こういう用法は同じであるから、「馬の額を篦深に射させて」は、矢が当たらないようにするための適切な手段を講じないで、という意味である。この場合の適切な手段とは、敵前に無謀に躍り出たりしないことであった。矢が当たることを予測できたのに、あえて進み出たところに、命知らずの武士の勇ましさがあることは確かであるが、むざむざと敵にやられたわけではない、自分の意志でそうさせたのだ、という負け惜しみの表現と理解したのでは、物語の作者が気の毒になる。

0 イントロダクション　日本語史の知識はどのように役立つか

　世の中に起こることは無限であり、それを表わすコトバは有限であるから、ひとつの語が場面に応じてさまざまの意味や含みで使われる。その基本原理は助動詞にも当てはまる。受身とか使役とかいう名称は、それぞれの助動詞の用法の、なるべく多くに当てはまるように命名されたはずであるが、それぞれの助動詞のすべての用法をカヴァーした名称にはなっていない。ここに取り上げた「射させて」、「吹きならさせて」や現代語の「言わせて」などは、<u>受身でもないし、使役でもない</u>。あえて命名するなら放置、放任であろうが、文法用語をつぎつぎと増やすよりも、文法用語は便宜的名称にすぎないと考えて、実際の用法を正確に抑えたほうがよい。本来、ス／サスは使役である、などと考えることは本末転倒である。

　『平家物語』を中世語の代表格に据えて、〈武士の時代の日本語〉などをでっちあげたりすべきではない。源平の合戦が行なわれていたその時期に農民は畑を耕していたし、武士も合戦のかたわら、余韻嫋嫋の和歌を作っていた。

　日本語史の一貫した底流をなす日常的な口頭言語は、つねに庶民のなかにありつづけてきたし、今後もありつづけるであろう。政治体制がどのように変わろうと、どのような文学作品が世にもてはやされようと、日本語の<u>根幹</u>にその影響が及ぶことはない。

　紫式部は、表現の素材として日本語を上手に生かしたのであって、俗間に説かれているように、彼女のおかげで日本語が向上したり洗練されたりしたなどということはありえない。それは、言語史の基本をわきまえない幻想である。天才画家が上手な絵を描いて絵の具や絵筆を進歩させたという事実がないのと同じことである。天才画家と同じ時期に、同じ絵の具、同じ絵筆を使って下手な絵を描いていた画家は

たくさんいたはずである。

　政治史／文化史／文学史に密着した国語史は、目の付け所を誤ってきた。

【注】　古典文法の助動詞ス／サス……サスのサは、先行する動詞の、仮設された未然形語尾とみなすべきであるから、助動詞サスの存在は否定されるが[『日本語はなぜ変化するか』]、問題を複雑にしすぎないように、ここでは古典文法を修正しないでおく。

【補注・000】　目ザワリ……「目障り」も「目触り」に移行しつつあるようにみえる。ただし、対象物が眼球に触ることは考えただけで気持ちが悪いから、「目触りがよい」という表現は生まれないので、語構成の変化に気づきにくい。

1

日本語語彙の構成

1.00 文字づかいの裏にあるもの

　新聞を読むときは記事の内容に注意が集中しているので、文字のことなどいちいち気にしないが、図書館で英語やコレア語などの新聞と並んでいたりすると、日本の新聞は紙面が漢字だらけであることに改めて驚かされる。漢字だらけのなかに、片仮名もかなり交じっている。本書のこのページもやはり新聞と同じである。よくも、いつのまにかこんなにたくさん漢字を覚えたものだと感心したりする。

　漢字の裏にはコトバがある。漢字で書かれたコトバには、中国語起源のものもあるし、いわゆるヤマトコトバもある。

　パチパチとかスルスルとかいうコトバは、いつも便利に使っているのに、新聞記事のようなマトモな文章には、ほとんど出てこない。書こうと思うと当てる漢字がない。その意味では、英語から入ってきたカタカナ語（注）と同じである。日本語の語彙には複数のグループがあり、それらをうまく組み合わせて使っていることが、新聞の紙面にも反映されている。

　以下のふたつの章では、グループ間の使い分けの仕組みを明らかにし、また、現に進行しつつある、グループ間の力関係の変動について

考えてみる。

【注】 カタカナ語……○NHK に「ハングル講座」がある。朝鮮語か韓国語かというジレンマを、言語を文字に置き換えて克服し、ともかく放送を開始するために考えられた解決策である。ただし、この名案が考え出され、そして通用していることの背後には、言語と文字とを一体として捉える、あるいは、文字で書かれるのが正しいコトバであるという、根強い誤解があることも否定しがたい。ハングルの場合には、コレア側のそういう認識も反映されているかもしれない。○NHK 講座のハングルは特定の言語をさすが、カタカナ語は日本語の語彙のなかのひとつのグループをさす名称であるし、日本語の場合、3 種類の文字体系が併用されていることもコレア語の場合と違っているが、そういう矛盾を含む用語であることは否定しがたい。ただし、感覚的によくわかる用語である（→106）。以下、文脈によって、「外来語」と「カタカナ語」とを使い分ける。

1.01 みっつのグループ

新しい事物が導入されれば、それをさす名称が必要になる。その事物をさすために、①新しい語が作られる場合もあるし、②複数の語を結び付けた複合語が形成される場合もある。また、③ほかの意味に使われている語の意味領域を拡大して、その事物をさすこともある。コンピュータの用語などを見ると、そのことがよくわかる。

社会が発達すれば、必然的に語彙が膨張する。また、④水準の高い異文化と密接に接触するようになれば、多くの語が借用される。借用語 (borrowings) とは、他の言語から導入されて、その言語に定着した語をいう。

その一方、使われなくなった語は、つぎの世代に伝わらないから自

1 日本語語彙の構成

然に失われる。太平洋戦争を境にして日本の生活様式が一変したために、蚊帳、火鉢、囲炉裏、行火、炭団、練炭、縁側、縁の下など、それまで生活に密着していた事物が不要になり、もはや、年輩の人たちでさえ具体的イメージが浮かばなくなりつつある。それらが日本語の語彙から消えてゆくのは、もはや時間の問題である。

　日本語の変化のなかでも、個々の語の新陳代謝は表層的現象であるから注目を引きやすい。しかし、語の集合、すなわち、語彙として捉えてみると、日本語には、きわだった特徴がある。おもしろい特徴と言えるかもしれない。

　日本語の語彙は、みっつのグループで構成されている。

　それぞれのグループは、和語、漢語（注1）、外来語とよばれてきた。一般には、つぎのように、きわめてラフに定義されている。

① 　和語………日本語として太古から使われてきた語。固有の日本語。やまとことば。
② 　漢語………古代中国語から日本語に取り入れられた語や、漢字を組み合わせて日本で作られた字音語。
③ 　外来語……外国語から日本語に取り入れられた語。ただし、漢語を含まない。

　これが学校で教えられる知識である。

　日本語の語彙を分類するには、幼児語、女性語、雅語、俗語など、ほかにもさまざまの基準がある。ただし、ここで確認しておきたいのは、分類は目的に即してなされるものであること、換言するなら、分類のための分類は意味をなさないことである。そうだとしたら、この場合も、なんのために和語、漢語、外来語に分けるのかが最初に問われなければならない。我々の場合は、前節に述べた素朴な疑問を解決

することが当面の目的である。

○さるは、竹近き<u>こうはい</u>も、いとよく、かよひぬべき便りなりかし、まかでて聞けば、あやしき家の、見どころもなき<u>むめ</u>の木などには、かしがましきまでぞ鳴く　［枕草子・鳥は］

　＊「うぐひす」に関する叙述の一部。

「こうはい」は「紅梅」である。「はい」は漢字「梅」の音(おん)、バイである。「むめ」は現代語のウメに対応する語形で、当時の発音はンメ [mme] であった。

ウメは和語<u>であると</u>直覚（注2）で判断される。すなわち、日本語話者なら、漢字「梅」の音はバイ、訓はムメ（＞ウメ）<u>であると</u>反射的に判断する。

調べてみると、ムメは中国文化と本格的に接触する以前に日本語に借用された語で、中国語の発音を耳で捉えた語形である。コレア語を経由したかもしれないが、もとは中国語であった。コウバイは、それよりずっとあとの時期に中国語から大量の語彙が借用され、漢語の語形が体系化されてから導入されたために、正統の音(おん)としての語形バイになっている。

ムマ [mma]（馬）もそれと同じである。日本語話者の直覚では、「馬」の音はバ／マ、訓はウマである。

中国語からの借用語であることが確実なのに、日本語話者の直覚で和語と判断される語はほかにもある。

○　　　<u>しらぎく</u>の花を詠める　　　　　　　凡河内躬恒
　　心あてに　折らばや折らむ　初霜の　置きまどはせる　<u>しらぎく</u>の花　［古今集・秋下・277］

『万葉集』にはキクが詠まれていない。書記テクスト（注3）のうえ

では平安時代になってから使われているが、これもまた、本来は漢字「菊」の音である。

『古今和歌集』の和歌は和語だけで作られているから、当時の人たちにも和語として認識されていたことは確実である。

和語と複合したシラギクが形成されていることから明らかなように、この語は、日本語に取り入れられるとすぐに和語のグループに組み込まれている。動詞「聞く」と同じ語形であるから、和語に無理なく溶け込んでしまったのであろう。いわば、漢語から和語への転籍である。『古今和歌集』の秋の部から、キクが漢語として排除されていたら、寂しくあじけない晩秋になっていたであろう。

キクは、和歌に限らず、散文にも和語として溶け込んでおり、つぎの一節でも、紅葉と巧みに対比されている。
○門近き廊の、簀子だつ物に尻かけて、とばかり月を見る、菊、いとおもしろく移ろひわたり、風に競へる紅葉の乱れなど、あはれと、げに見えたり　［源氏物語・帚木］

「キク（菊）」を和語と認めるとしたら、すなわち、漢字「菊」の訓であるとみなすとしたら、この漢字の音はどうなるであろうか。

「キクの花」やノギクなどのキクは和語であるが、「春菊」、「菊花」、「残菊」、「秋明菊」などのキクは、音であると感じられる。

和語と漢語との違いを、その語の起源ではなく、語形の特徴と、運用のしかたとの違いによって区別するとしたら、日本語話者の直覚が判別の基準であるから、キクが和語であることは動かない。また、複合語のもうひとつの成素が音である場合に音として認識されるなら、そういう場合のキクは漢語として機能している。

それぞれの語の身元を明らかにすることも、目的によって大切であ

ろうが、日本語の語彙がどのように運用されているかを重視するなら、大切なのは身元ではなく、それぞれの語が、和語と漢語と、どちらのグループに属してどのように使われているかである。大部分の語は、身元による分類と運用による分類とが一致するが、分類の目的も基準も異なっている。

　全体に占める比率は低くても、現籍が原籍と一致しない語があることは、分類基準の違いが重要な意味をもつことを意味している。筆者が、日本語話者と日本人とを峻別する理由もそれと同じである。「缶詰」の「缶」は英語 can に由来しているが、カンが漢語として運用されている事実は動かない。

【注1】　漢語……○日本で中国語とよんでいる言語を、中国では漢語とよんでいる。中国は多民族国家で多くの言語が使用されており、そのなかのひとつが漢民族の言語、すなわち、漢語であるという、政治的配慮に基づくよびかたである。○日本語では、いわゆる音読語、字音語を漢語とよんでいる。すなわち、中国本土の漢字音（中国字音）を日本語の音韻体系に近づけて形成された日本式の漢字音（日本字音）で読む語、という意味である。語形ではなく、文字に基づいた定義であるが、口頭言語でも、和語と異なる語形の特徴をもっている。本書では、起源ではなく運用に基づいて漢語を再定義している。

【注2】　直覚（intuition）……○理屈を超えた反射的判断。○言語の場合、母語話者の直覚が正誤を判断する有力な決め手になる。「川上から大きな桃が／大きい桃が、流れてきました」というふたつの言いかたを示されると、たいていの日本語話者は、「大きな桃」を選択する。それが直覚である。理由を聞いても説明はできない。その理由を考えるのは、日本語研究者の役割である（『日本語はなぜ変化するか』）。○語頭に濁音をもつのは、①漢語か

外来語（カタカナ語）、そして、②和語なら活写語（→次節）か、③汚い印象をともなう語（バカ、ダマス、ズルイ）であるという規則的事実を知識として知らなくても、日本語話者なら、それを直覚で判別する。

【注3】 <u>書記テクスト</u>……書記は writing の訳語。まとまった内容をもつ情報を文字で記録したものをいう。テクストという用語は口頭の発話にも使用されるので、それと区別するために書記テクストとよぶ。

1.02 活写語

いわゆる外来語が、第3のグループとして加わる以前の日本語の語彙を、前節では和語と漢語とのふたつのグループとして考えたが、和語には、一次和語と活写語とのふたつのサブグループがある。一次和語とは、活写語を除いた、いわば、ふつうの和語である。

活写語とは、擬声語／擬音語、擬態語とよばれている語群である。カタカタ、パチン、ワンワンなどは擬音語／擬声語であり、「シーンと静まる」、「ハラハラする」などは、音が聞こえないから擬態語であると、ひとまず分類できそうにみえる。しかし、「バッタリ倒れる／バッタリ出会った」、「雨がビショビショ降る／雨でビショビショになる」、「<u>ピチピチギャル</u>」、「<u>ピカピカ光る</u>」などは、判断が難しい。「ハラハラ、ドキドキ」のハラハラは擬態語であり、ドキドキは心臓の鼓動の擬音語であると分類しても意味がない。それらを区別するのは、日本語話者の自然な感覚を無視した、分類のための分類である。どちらであるか、はっきりしない事例が出てくるのは、区別がないのに区別しようとするからである。

これら一群の語の機能は、対象の状態を生き生きと描写することにあり、ふたつの類に分けて扱うべき理由はないから、一括して活写語

とよぶ（注）。

【注】 活写語……筆者は、ずっと以前から適切な用語を探してきたが、なかなか思いつかなかった。ここでまた同じ問題に突き当たって「描写語」も考えたが、生き生きと描写するという意味で「活写語」がいっそう適切であると判断し、以下には、そして、今後とも、この名称を使用する。むやみに新しい用語を持ち込むべきではないが、擬音語／擬声語と擬態語とを区別すべきではないという立場を支持してくださる読者には、この用語の使用を提案したい。もとより、いっそう適切な用語が提案されれば、筆者もそちらに切り替えたい。○オノマトペ（仏. onomatopée）とよぶ人たちも少なくないが、活写語は、フランス語で液体がゴボゴボ、ドボドボという音を glouglou（グルグル）と言ったり、鳥の名カッコウをフランス語で coucou、英語で cuckoo と言ったりするのと違って、次節に指摘するように、動詞の表わす行為のありかたを限定するのが主たる機能であるから、その名称は使いたくない。

1.03　活写語の機能

　活写語は、事実上、和歌の使用語彙から排除されており、物語や日記などの仮名文学作品にも用例がきわめて乏しい。現代語でも改まった文体には、ほとんど顔を出さない。日本語でありながら存在を忘れられがちな、日の当たらない語群である。

　活写語の影の薄さは、当てるべき漢字がないという事実に端的に表われている。

　古典文学作品のなかで、『古今和歌集』や『源氏物語』などのような、仮名文で綴られた、雅の層のコトバで語られた作品ではなく、片仮名文（注）で記された、俗の層のコトバで語られた『今昔物語集』の説話などには、つぎのように、活写語が自由に使用されている。

1 日本語語彙の構成

○奇異ト見ル程ニ此ノ板 俄 ニヒラヒラト飛テ
　（アサマシ）　　　　　　（ニワカ）
　　　　　　　　　　　　　　［巻二十七・十八］

　比喩的に言えば活写語は日本語の脇役であるが、主役だけで舞台は成り立たない。

　日本語には、泣くことを表わす単独の動詞が「泣く」だけしかない。あとは、「泣きわめく」、「泣き叫ぶ」、「すすり泣く」などの複合動詞で補われているだけである。

　漢文では、泣、喉、哀、哭、喑、涕、など、多くの文字がナクと訓読されているし、現代英語でも、weep、cry、sob、whimper、wail、など、いくつもの単語で言い分けられている。

　日本語の動詞の単純さは、それだけにとどまらない。現代語の表記で、人間は「泣く」、動物は「鳴く」と書き分ける習慣になっているが、本来はひとつの動詞であるから、耳で聞けば「こどもがナク」、「ブタがナク」で区別はない。

○我がごとく　物や悲しき　ほととぎす　時ぞともなく　夜ただなくらむ

　　　　　　　　　　［古今集・恋一・578・題知らず・敏行朝臣］

このわたしと同じように悲しいのか、ホトトギスよ。ホトトギスは、時を問わず、一晩中、なきつづけている、ということである。第3句の「ほととぎす」は、上からの続きとしては、「ほととぎすよ」という呼びかけであり、下への続きとしては、「なく」行為の主体になって、「ほととぎすが～」と続けられている。この和歌は、第3句をカ

［図版―１］鈴鹿本『今昔物語集』（京都大学附属図書館蔵）『今昔物語集』の現存最古の写本。

ナメとする複線構造である(『やまとうた』、『古典和歌解読』)。

「ほととぎす」は、その鳴き声を pototogi、または pototogitsu と聞き取った命名である。末尾のスまでが鳴き声なのか、それとも、このスは、カラス、キギス(雉)、キリギリスなどのスと同じ接尾辞なのか判然としないが、おそらく、ホトトギススの末尾のススをひとつにした語形であろう。ウグヒスという語形も同様である。そのようにみなすとしたら、重音脱落 (haplology) である(『やまとうた』)。ホトトギスもカラスも、もとは活写語であるが、接尾辞スが付くことによって、文献時代には、すでに一次和語に転籍していた。

この和歌は、わたしは苦しい恋の悲しみに泣いている。ホトトギスも同じ気持ちなのか、一晩中、なき続けている、という内容である。漢字を当てると「鳴く」と「泣く」との重ね合わせのようにみえるが、ひとつの動詞であるから、いわゆる掛詞ではない。

世間に浸透している日本人論、日本文化論、日本語論では、日本文化に特有の繊細な情緒が強調されるが、動詞ナクの単純さは、そういう共通理解に対する反証のようにみえる。しかも、このような単純さは、日本語の多くの動詞に認められる。

見る／観る／視る／診る、などの書き分けにこだわる人もいるが、漢字の使い分けに凝ってみても、もとの中国語における区別や、英語の see、look、watch、observe、inspect などの使い分けと違って、口に出せば同じになる。

このように指摘されると、なんと無神経なコトバをこれまで話していたのだろうと驚いてしまいそうであるが、そのことに気づいていた読者がほとんどいないとしたら、そして、読者自身の神経がそれほど鈍くないとしたら、日本語には、中国語や英語などとは違う、なにか

別のシカケが働いているに相違ない。

このような事実を、日本人が無神経であり、日本語が粗雑であることの証拠にしたのでは、世にあふれる感傷的基調の日本文化論、日本語論などが保証しているプラスの付けすぎをマイナスに逆転させるだけにすぎない。

当面の話題に合わせて理由をひとつに絞るなら、動詞の種類が少ないのは、日本語の場合、活写語を自由自在に使いこなすことによって、繊細な言い分けが十分に可能だからである。

ナクの場合を例にとるなら、メソメソ、シクシク、オイオイ、ワーワー、ワット、サメザメト、オギャー：メーメー、モーモー、チュンチュン、チューチュー、などを添えることによって、人間については、その泣きかたを生き生きと描写し、動物や鳥、虫などについては種類を特定することが可能である。英語と対比するなら、sob は〖活写語シクシク＋動詞ナク〗とほぼ同じであるし、chirp は、〖活写語チュンチュン、チンチロリン、リンリン、ギッチョン～＋動詞ナク〗と、ほぼ、同じである。

英語では別々の動詞で表現するところを、日本語では〖活写語＋動詞〗という形式で表わすという違いである。

筆者には英語の語感を英語話者と同じようには捉えられないので、とうてい断言はできないが、正直なところ、動詞に活写語を加える日本語方式のほうが個別動詞方式よりも、場面をずっと生き生きと描写できると感じられる。日本語びいきの立場をとらなくても、そのように感じてしまうあたりに、母語話者による客観的判断の限界があるのかもしれない。

【注】 片仮名文……○漢字と片仮名とを交用する書記様式。美的な表現に関わらないテクストに伝統的に使用されている。漢字と仮名とを交用する「仮名文」、日本語に基づいて漢字だけで書かれる「漢字文」に対する用語。○『今昔物語集』は片仮名文のテクストである。高校の教科書では片仮名が平仮名に置き換えられているので『源氏物語』など、仮名文のテクストと見分けがつかなくなっている。近年は文庫本などのテクストもその形式に切り替えられつつあるが、仮名と片仮名との本質的区別を理解しない無神経な画一化を筆者は慨嘆している（→図版1）。

1.04 　活写語に残った [p]

『古今和歌集』に、つぎの和歌がある。

○梅の花　見にこそ来つれ　うぐひすの　ひとくひとくと　厭ひしも居る　［古今集・誹諧歌・1011・題知らず・詠み人知らず］

「誹諧歌」とは、ユーモラスな表現の和歌という意味である。もとの中国語は「俳諧」であるが、言づかいのおもしろさを生命とする作品という意味で「誹諧」と表記されている（『やまとうた』）。

ここに来た目的は梅の花を見ることだけで、ウグイスを捕まえたりするつもりはないのに、ウグイスが、ひとくひとくと嫌がっている、ということである。

現代語の場合、鳥の種類を特定しなければ、小鳥はピーチクと鳴くことになっている。それは、平安初期にもほぼ同じであった。ほぼ同じとは、当時のチは [ti] であったし、ピーツク（ツは [tu]）やピーチュクなどだったかもしれないという意味である。いずれにせよ、小鳥の鳴き声が p-t-k と聞き取られていたことは動かない。

ウグイスが、ptk、ptk と騒いでいるのを、「人来、人来」、すなわ

ち、「人が来る、人が来る」と聞き取って重ね合わせたところに、誹諧歌としてのおもしろさがある (亀井孝「春鶯囀」『亀井孝論文集3』吉川弘文館・1984)。

ピーチクの伝統が現代語にまで継承されているのは、いわゆる唇音退化 (→3章)、すなわち、ピ＞フィ＞ヒ、という変化が活写語には生じなかったからである。

一次和語、すなわち、活写語以外の和語にはいわゆる唇音退化が生じたが、活写語の [p] は変化せず、大昔のままに保存されている。活写語のパがファに変化し、さらにハに変化したりしたら、活写語の活写機能が失われ、活写語の存在意義も失われてしまうから、[p] が [p] のままに保存されたのは当然である。

これまでは、活写語の存在を忘れて音韻変化を考えてきたために、[p] が日本語から失われたかのように説明されてきたが、早い時期に日本語から完全に姿を消した [p] が、その後、いつのまにか復活したわけではない (『日本語の音韻』)。

漢語の場合には、全般、発表、一本、一変、吉報、などのように、後部成素の頭子音に [p] が保たれて、一次和語に生じるイシガキ (石垣)、ヤマドリ (山鳥) などの連濁と同じく、複合語であることの指標として機能していること (→211) を除けば、一次和語と同じように変化している。

1.05 活写語の柔軟性

活写語以外の和語を一次和語とよぶなら、活写語は二次和語である。一次、二次とは、日本語の語彙としての地位の違いである。たとえば、新聞の論説や、学術論文などに使用されるのは、もっぱら、一次和語

だけであるのに対して、親しい間柄の日常会話や子ども相手の場合などは、活写語が随所に交えられる。

一次和語が固体 (solid) であるとすれば、活写語は流体 (liquid) である。表現の骨格は固体でなければ形成できないが、流体には流体としての得がたい特性がある。

活写語は流体であるから、社会的に定着していない語形を臨機応変に使っても聞き手に理解できる。たとえば、「シクシン泣く」と言えば、しゃくりあげながらシクシク泣く状態として理解される。「シュクンシュクン泣く」と表現すれば、ときどき鼻をかまなければならない泣きかたの活写になる。コケコッコーは、鳴きかたに合わせて、どのようにでも変形可能である。

「カンカン、ガクガクの議論」という表記は学校で習う規則に合わないが、社会では抵抗なく受け入れられる。従来の分類なら、カンカン、ガクガクは古代中国語から借用された漢語である。「侃々諤々」という漢字を脳裏に浮かべ、しかも漢字の意味を正確に理解して使う人にとって、この語は純然たる漢語である。しかし、大多数の人たちは、口頭言語でこの語を正しい意味に使っていても、漢字表記に関心をもたず、あるいは、対応する漢字があることさえも知らない。書く場合にもカタカナで書くから、そういう人たちにとって、カンカン、ガクガクは、「鐘が<u>カンカン</u>鳴る」、「膝が<u>ガクガク</u>する」などと同類である。すなわち、カタカナで書いても、カタカナ語（注）ではなく活写語である。

「ケンケン、ゴーゴー（喧々囂々）の騒ぎ」、「<u>コーコー</u>（皓々）と照る月」、「川が<u>トートー</u>（滔々）と流れる」のような類型に属する語は、漢語から活写語に転籍する傾向が顕著である。「夜が<u>シンシン</u>と更け

る」、「雪がコンコンと降る」などは、身元がどうであろうと、事実上、活写語として機能している。「興味シンシン」が「興味津々」であると聞かされても、なるほどと思う人は少なくなっている。

1.06　カタカナ語

20世紀後半から、アメリカ文化との接触が濃密になり、英語から大量の語彙が借用された。その間、一方では、イタリア語、中国語、コレア語などから料理の名がまとまって借用されているというたぐいの事実はあるが、それらをすべて合わせても、英語からの借用語に、数のうえで、はるかに及ばない。

大きな書店で数えたら、カタカナ語辞典の類が20種を超えていた。買ってみてもどれほど利用するかは疑問であるが、いざというときにそういうものが手元にないと不安になる人が多いのであろう。外来語辞典はひとつもなかった。

従来は、主としてヨーロッパの言語から借用された語を外来語とよんできたが、現在ではカタカナ語という名称がふつうになっている。

和語と漢語とが一体として日本語であった時期に、異質のコトバがどっと入ってきたので外国から来た語と認識されたのであろうが、あとになってみると外来語という名称にはいくつかの難点があった。

そのひとつは、欧米以外の諸言語、なかでも、現代中国語を含むアジアの諸言語からの借用語が外来語の枠から暗黙に排除されていたことである。シューマイ（焼売）やキムチの行き場がなかったことは、欧米重視、アジア軽視の顕われである。

もうひとつの難点は、英語の類型に合わせて日本で作られた、いわゆる和製英語も、外来語に含めるほかなかったことである。日本社会

における英語の水準が向上したために、スキンシップ (skinship)、ライフライン (lifeline) など、それが英語の語彙に<u>ない</u>ことを英語の辞書で確認しなければ安心できないものまで作られて、通用するようになっている。英語と同じように、カタカナ語のライフも生活と生命とを区別しないので、ライフラインは、災害時にガス、水道、電気などをさすコトバとしてたいへん便利である。

　カタカナ語がこのように高度の造語力をもつ現在、外来語という名称はふさわしくなくなっている。

　外来語という名称の第3の難点は、古代中国語からの借用語が外来語から除外されていたことである。そのことは、本書の主題にとっても無関係ではない。

　それでは、カタカナ語という名称はどうであろうか。

　「ブック」、「ぶっく」、「bukku」など、どのように書いても、さす対象は同じである。もし、文部科学省がローマ字専用に方針を変えるようなことがあれば、カタカナ語という名称は宙に浮くことになる。そもそも、書き表わす文字体系の名称で特定の語や特定の語群をさすことは、原理的に正しくない（→100注）。ただし、だれかがカタカナ語という名称を思いつき、それが社会的に通用するようになったことにはそれなりの理由があると考えるべきである。

　平仮名の祖形に当たる仮名（注）は、音節単位の表音文字として平安初期に形成されたが、続け書きによって語句単位に書かれるようになり、語の綴りが視覚的に固定されて表語機能を獲得した。音韻変化が生じても、頻用度の高い語の綴りはあまり影響を受けなかったので、さまざまの音韻変化が生じるにつれて、実際の発音と仮名の綴りとのズレが大きくなっていった。英語の語形と綴りとのズレが大きい理由

1 日本語語彙の構成

も、それと同じである。

　片仮名の体系も、仮名と平行して平安初期に形成されたが、仮名と違って、現在に至るまで表音機能をもちつづけている。「時計」の語形はトケーであるが、現代かなづかいは「とけい」である。現在でも片仮名には仮名遣いが厳密には適用されないから、トケーと書くことが許される。

　他の言語から借用された語に仮名遣いの規則は当てはまらないから、耳に聞こえたとおりに<u>片仮名で</u>書けばよい。いつでも片仮名で書き、カタカナで表記されたとおりに読む語であるから、カタカナ語という名称は素直に理解される。その意味で、片仮名語ではなくカタカナ語という表記がふさわしい。

　カタカナ語は、和語や漢語と同様に、語形の特徴と運用のしかたとに着目した分類であるから、外来語という用語を言い換えただけではない。

　活写語にも片仮名表記がふさわしい。活写語は和語を構成するサブグループのひとつであるが、これから明らかになるように、活写語には、漢語やカタカナ語と、語形の特徴に注目すべき共通点がある。その事実がもつ意味については、あとで取り上げる。

【注1】　<u>仮名</u>……平安初期に形成された仮名や片仮名は清音と濁音とを書き分けない音節文字の体系であった。濁点の有無で清音と濁音とを必ず書き分けるようになったのは義務教育が確立されてからである。本書では、そういう新しい文字体系を平仮名とよび、それ以前の時期の文字体系を仮名とよぶ。○片仮名の清濁を濁点の有無によって必ず書き分けるようになったのも新しい習慣であるが、名称は一貫して片仮名である。

1.07　語彙の変動に連動する変化

　カタカナ語のほとんどを占めているのは、近年になって英語から借用された語と、その類型に合わせて作られた、いわゆる和製英語である。それらは、日本語のなかに日増しに増加しつつある。それを乱用と捉えている人たちも少なくない。ただし、ラジオ、テレビ、アイロンなど、確実に定着している語は批判の圏外に置かれている。

　日本語史の立場からみれば、近年になって英語から借用された語を、すべてカタカナ語として一括し、無差別に排斥の対象としたりするまえに、どうして、カタカナ語の急増という現象が近年になって目立ってきたのか、その原因を正しく解明することが先決である。

　原因を正しく解明するとは、日本人の愛国心が薄れてきたからだとか、日本人の劣等感に起因する西洋文明崇拝の顕われだとか、若者たちが軽薄になってきたからだとか、そういうたぐいの思い込みや思いつきを、原因の解明とはみなさないという意味である。

　ここでは、そういう根本的な問題を後回しにして（→次章）、あまり気づかれることのない、もうひとつの問題を、カタカナ語の増加との関連で検討しておく。

　日本語の音節は、[ka]、[se]、[to] などのように、原則として、ひとつの子音にひとつの母音が結び付いて構成されている。子音がゼロで母音だけの音節もある。子音を C (consonant)、母音を V (vowel) で表わせば、日本語の基本的音節構造は CV である。2音節語なら CVCV、すなわち、$(CV)_2$ である。

　日本語は、もっとも素朴な段階でも、常識で想像するほど単純だったはずはないが、進化の筋道を考えるためのモデルとして、名詞はすべて単音節であり、総数も100単位程度であったと仮定してみよう。

1 日本語語彙の構成

　そういう段階では、CV 音節の種類が少なくても、場面に支えられて、すべての語を容易に識別することが可能であった。しかし、文化が進展すれば語彙が膨張するから、同音異義語が増加して円滑な伝達ができなくなる。そういう事態になるのを防ぐためには、語彙の収容量を増やすことが必要になる。しかし、CV 音節の種類がある限度を超すと、音節相互の聞き分けが難しくなる。原理は、色鉛筆を何色まで簡単に見分けられるかというのと同じことである。

　言語の歴史をたどってみると、必要は発明の母、という諺の意味がよくわかる。日本語の場合も、新たな必要が生じるたびに、体系が組み換えられて、その必要が満たされてきた。現に進行しつつある変化も、新たに生じた運用上の必要が変化の動因になっていると考えて間違いないはずである。

　いつごろ、どのような変化が生じたかだけでなく、ほかならぬその時期に、どうしてその変化が生じたのかを解明できなければ、日本語の<u>歴史</u>とよぶに値しない（『日本語はなぜ変化するか』）。また、その変化が体系全体の運用効率にどのような影響を与えたかを合理的に説明できなければ、その解釈の正しさは保証されない。

　膨張した語彙を収容して、円滑に運用できるように体系を組み替える場合、つぎのように、いくつかの選択肢があった。

(1) CV 音節のほかに、CVC、CCV、CCVCV、CC などの音節を導入する。

　　英語では、dog (CVC)、true (CCV)、stop (CCVC)、ask (VCC)、strike (CCCVVC) など。

(2) 複数のアクセント型を導入する。

　　［高］型と［低］型とを言い分ければ、識別可能な音節数は 2

倍になる。上昇型や下降型を加えれば、識別可能な音節数がさらに増加する。

(3)　2音節語や3音節語を導入する。

　　識別可能な音節数は、単純計算で、それぞれ、n^2、n^3になる。

これらみっつの選択肢のうち、(1)は音節構造の根本的な組換えである。選択肢がほかになければその方向がとられたであろうが、(2)(3)の選択肢があったので、最後の選択肢としての音節構造の組み換えが進行することはなかった。

(2)と(3)とを組み合わせて音節の種類を段階的に増加させたことは十分に考えられる。しかし、まったくの同時進行ではなく、どちらかが先行したとみるのが自然である。

日本語の具体的な状態が多少とも体系的に把握できるのは8世紀以後であるから、日本語の語彙がどのように膨張し、(2)の方式と(3)の方式とが、どのように組み合わされて進行したかを明らかにする手掛かりはない。わかっているのは、すでに8世紀にアクセント型が体系として形成されており、多音節化も進行していたことである。

『万葉集』の歌風が素朴であることは、当時の日本語が<u>言語として</u>素朴な発達段階にあったことを意味しない。

1.08　複合名詞の語構成

現代語の語彙をみると、和語には複合名詞の比率が非常に高い。漢語も、大多数は2字または3字の熟語である。ジューバコ（重箱）〖漢語ジュー＋和語ハコ〗や、テホン（手本）〖和語テ＋漢語ホン〗などのように、和語と漢語との複合語もある。

現代語の話者にとって、和語の複合名詞の語構成は、透明であった

1 日本語語彙の構成

り、半透明であったり、不透明であったり、さまざまである。半透明なものとは、語構成がふだんは意識にのぼらないが、分析しようと思えば分析できるものである。そのほか、複合語の一方の成素が抽出できても他方の成素がわからない事例もある。ただし、語構成が透明だと感じられるものも、半透明だと感じられるものも、本来の語構成がその分析の結果と一致するとは限らない。

「あいつのアサマシー根性が気に食わない」とか「そういうアサマシー食べかたは、やめなさい」とかいう場合のアサマシーの語構成は〘アサ＋マ＋形容詞語尾シー〙と分割される。アサは「浅」であるが、マはわからない。多くの国語辞典には、「浅ましい」という表記が示されている。

国語辞典のなかには、「浅ましい」のあとに「浅猿い」という表記を示しているものもある。動物のサルには、上代からマシというよびかたがあった。「浅猿い」という表記を知っている人たちにとって、この形容詞の語構成はほとんど透明である。ただし、名詞マシ（猿）の語尾音節シを活用語尾とする形容詞マシーが形成されるのは不自然な感じなので、語構成が完全に透明であるとは言えない。

現代語アサマシーのもとは、意外な事実に驚くことを表わす動詞アサムを形容詞化したアサマシである。ヨロコブ→ヨロコバシ→ヨロコバシーと同じである。

○ものの心知りたまふ人は、かかる人も世に出でおはするものなりけりと、あさましきまでに目をおどろかしたまふ

[源氏物語・桐壺]

物のわかった人たちは、幼少の光源氏を見て、こんなにすばらしい人がこの世にお生まれになることもあるものなのだと目を見張られた、

ということである。

　『源氏物語』では、アサマシが本来の意味で使用されている。しかし、中世には動詞アサムとの結び付きがわからなくなり、「浅＋まし」、「浅＋猿」と分析されるようになった。つぎに引用する一節のアサマシキは、現代語のような意味に変化する過渡期にあるようにみえる。「そのほど」は40歳をさす（→705）。

　　○そのほど過ぎぬれば、（略）ひたすら世をむさぼる心のみ深く、
　　　もののあはれも知らずなりゆくなむ、あさましき

[徒然草・第7段]

　平安末期以後、口頭言語では、それまで連体形であった語形が終止形としても機能するようになり、どちらの活用形もアサマシキになって現在のアサマシーに至っている。

　現代語アサマシーには、「浅ましい」という表記がふさわしい。サルをマシともよんでいた時期の人たちには、「浅猿」がいっそうふさわしかった。

　現代の日本語話者にとって大切なのは、アサマシーが動詞アサムから派生した形容詞であることではなく、アサを「浅」と分析する語感を日本語話者が共有していることである。

　この事例にみられるような、本来と異なる語構成分析を、異分析、誤分析などとよんでいる。

1.09　2音節名詞の語構成(I)

　2音節名詞の語構成はたいてい不透明である。不透明というよりも、日本語話者の直覚では不可分の意味単位として捉えるから、どういう語構成なのかという疑問が脳裏をかすめない。ヤマはヤマであって、

1 日本語語彙の構成

〖ヤ＋マ〗ではありえないということである。

　ハマ、ヒマ（隙）、クマ（隈）、ソマ（杣）、ヌマ、シマ、と並べてみると、すべて場所をさす名詞であるから、マは名詞であるか、さもなければ、場所を示す接尾辞だったのではないかなどと考えるのは、そのつもりで分析した結果であって、日本語話者ならだれでも気がつくことではない。

　2音節名詞を不可分の意味単位として捉える日本語話者の直覚は、日本語を効率的に運用するうえで重要である。なぜなら、2音節名詞には使用頻度の高い語が集中しており、ふたつの意味単位がいちいち連想されたのでは、円滑な運用の妨げになるからである。

　2音節名詞の語構成について考えるための予備作業として、連濁について検討しておく。

　バラ、バレル、アバレル、サツキバレの発音を、バの音節に注意して比較してみよう。読者自身で確認していただきたい。

　　バラ………バの語頭子音は［b］である。

　　バレル………バの語頭子音も［b］であるが、この語形には汚い感じがある。

　　アバレル……バの子音は［b］ではなく、呼気が両唇をこする摩擦音［β］である。［b］は破裂音なので瞬間的であるが、［β］は、息の続く限り長く発音できる。

　　アキバレ……バの子音は［b］である。

　語頭に濁音の立つ一次和語はない、という語音結合則がある（→206）。一方、活写語には、トントン：ドンドン、ソロソロ：ゾロゾロ、のようなセットが形成され、濁音のほうは、強いとか、汚いとかいう印象をともなう語形として使われてきた。

活写語における語頭の濁音には、強いとか汚いとかいう印象をともなうために、その効果が評価されて、バレルやズルイなど、一次和語に持ち込まれた。

　平安初期（900年前後）に編纂された字書『新撰字鏡』（竹部）の「筞」字に「夫知（ブチ）」という和訓があるから、語頭に濁音をもつ語形が一次和語に導入されたのは、かなり古い時期に遡るようである。なぜなら、このような語形は、使われ始めてから、かなりの期間は俗語として位置づけられるのがふつうであり、辞書に採録されることはないはずだからである。

　『新撰字鏡』は、和訓を含む最古の本格的字書であるが、漢和字書とよべるほど和訓が豊富ではない。

　ブチは、本来、馬をウツ（打）ための道具ウチであったものが、強く打つという印象づけのために語頭が濁音化されたと推定される。現代語のブツ、ブッタタク、ブンナグル、ブチマケルなども起源は同じである。ブチは現代語のムチ（鞭）に当たる。

　○太子の乗りたまへる馬、とどまりて行かず、ふちを上げて打ちたまへど、後へ退きてとどまる　［拾遺集・哀傷・1350詞書］

　　＊「太子」は聖徳太子。

　平安時代の仮名は清濁を書き分けない文字体系なので「ふち」と表記されているが、フチではありえない。動詞はウチ（連用形）である。

　バラは、ンバラ［mbara］（仮名では「むばら」、片仮名では「ウハラ」と表記された）の［m］が脱落した語形である。

　○むばら、からたちにかかりて、家に来てうち臥せり

［伊勢物語・63段］

ノバラやカラタチの棘がひっかかるのもかまわずに、野中を走って

家に帰り、さっと床についた、ということである。

「むはら」は mbara の仮名表記である。棘の痛さを印象づけるために、[m] を脱落させ、濁音節 [ba] を語頭に露出させた語形がバラである。

この植物名は、その段階で、嫌な感じの和語であった。しかし、美しい花が咲く西洋の栽培種が普及すると、バラは痛い棘を語頭に露出させた和語から、カタカナ語に変身し、痛さを印象づけなくなった。語頭に濁音をもつ和語は汚い印象づけの効果をもつが、漢語やカタカナ語にはそういう語感がともなわないからである（『日本語の音韻』）。

バレルは、まさに、語頭に濁音をもつ汚い印象の動詞である。原油の売買単位バレルは和語ではないので、汚い印象をともなわない。

日本語話者はアバレルのバを、バラやバレルのバと同じ音として認識しているが、語頭以外のバ行子音は破裂音の [b] ではなく摩擦音の [β] である。フと言って、その口つきのまま濁音にすると [βu] になる。カブル、アビル、アブル、シャベル、など、語頭以外のバ行子音は [β] がふつうの発音である。ここでは、標準的発音であると言ったほうがわかりやすいかもしれない。

アキバレのバの子音は、語頭ではないのに [b] で発音される。バレはハレの連濁であるから、語頭と同じ [b] によって、それが意味単位（形態）の最初の音節であることを示し、〘秋＋晴れ〙という分析を可能にしている。

一次和語の語頭に濁音は立たないから、アキバレのバレはハレに自動的に還元される。ザブトン、ブロックベー、ミズビタシ、ベタボメ、なども同様である。学者ブルのブの子音は摩擦音であるが、ブッテイルとなると破裂音になる。

日本語話者は、[b] と [β] とを同じ音として認識していても、実際にはその違いを意識下で敏感に聞き分け、意味単位の最初の音であるか、途中の音であるかを反射的に判断している。

1.10　2音節名詞の語構成(2)

　サバ、カビ、カブ、カベ、ツボなどのバ行子音は、ふつうの摩擦音よりも、かなり破裂音的である。そういう中間的な音になりやすいのは、①[β] の音によって、語頭でないことを表わすことと、②短い語形なので聞き取りを確実にする必要があることと、そのふたつの矛盾する条件を満たそうとするためかもしれない。いずれにせよ、2音節名詞には語構成意識が働かないので、破裂音になっても伝達の障害にはならない。

　このような現象が現われるのは、破裂音と摩擦音とが連続しており、[p] と [ɸ]、[b] と [β] との間に実際には明確な境界がないからである。ハ行子音の変化について考えるときのために、このことを記憶しておきたい。(→3章)。

　3音節名詞マユゲのゲを、聞き手は反射的にケの連濁として分析するが、2音節名詞は、第2音節が濁音であっても連濁であるとは認識されない。ヒゲ（髭）のゲもケ（毛）の連濁に相違ないが、そういう語構成が意識されることはない。すなわち、ヒゲは分析を拒否する2音節名詞である。

　象のキバは〘キ（牙）＋ハ（歯）〙という構成の複合語であるが、バを連濁と認識して「歯」に還元することはない。それは、名詞キがあることを知らないからではなく、やはり、キバが分析を拒否する2音節名詞だからである。

現代語のオケに相当する語は、『万葉集』や上代の文書に「麻笥」と表記されている。「麻」は植物のアサ、「笥」は器をさす語であった。本来は、麻の繊維を入れる器をさす語であったらしい。平安時代には「水桶」や「火桶」などがあるから、その時期までに「麻＋笥」という語構成意識は失われていた。

〖単音節名詞＋単音節名詞〗という結合で形成された複合語は現代語にも少なからずあると考えられるが、たいていは早い時期に語構成が不透明になっている。

一方の成素はわかるが、もう一方の成素がわからない２音節名詞もある。（→前節）たとえば、動詞アガクは〖脚＋掻く〗という語構成であるから、文献時代以前、アは「足（脚）」をさす名詞であったと推定されるが、アシのシは素性がわからない。接尾辞の可能性もあるが確定できない。〖単音節名詞＋単音節名詞〗、〖接頭辞＋単音節名詞〗、〖単音節名詞＋接尾辞〗などという結合で自然に形成された２音節名詞は語構成が不透明になり、その結果、分析不能の２音節名詞の数がしだいに増加した。

前述したように、名詞の基本となる語形が単音節から２音節に移行すれば、相互に識別できる名詞の数は飛躍的に増大する。

1.11　単音節名詞から多音節名詞へ

使用頻度の高い２音節名詞には、自然な過程による複合ではなく、つぎに例示するように、他の語との識別が容易になるように、単音節名詞の意味のまま、２音節語化されたとみなされる事例も少なくない。

現代語のウミ（海）は不可分の意味単位であるが、〖ウシホ（潮）＜ウ＋シホ〗、〖ウナハラ（海原）＜ウ＋ナ＋ハラ〗などと見比べると、古

い時期には、ウだけで海をさす単音節名詞であったと推定される。

〘名詞＋助詞ノ＋名詞〙という構成の複合名詞では、助詞ノが、ナの語形をとっている。また、〘ミギハ（水際、汀）＜ミ（水）＋キハ（際）〙、〘ミナト（港）＜ミ＋ナ＋ト（門）〙、〘ミナモト（源）＜ミ＋ナ＋モト（元）〙などを見比べると、文献時代以前には、ミが水をさす単音節名詞であったと推定される。

上述の推定に基づくなら、2音節名詞ウミの語構成は〘ウ（海）＋ミ（水）〙である。ウミは海水をさす語として形成されたのではなく、単音節名詞ウが、もとの意味のまま、2音節語に補強された語形である。前節にあげたキバも、キだけで「牙」をさす語であった。

3音節名詞のなかにも、単音節名詞の意味のまま、語形が補強された事例がある。

セナカの語構成は〘背＋中〙であるが、この場合も、意味は「背」と同じであって、背の中央部をさす語ではない。フォーマルな(注)文体にはセが使用され、インフォーマルな文体には、主としてセナカが使用された。

セナカと同じように、単音節名詞と2音節名詞／3音節名詞とが文体の違いで使い分けられている事例のいくつかを例示する。

葉：ハッパ　　菜：ナッパ　　名：ナマエ
子：コドモ　　野：ノハラ
根：ネッコ＜ネツコ（ツはノと同義の助詞）
輪：ワッカ　　目：メダマ　　荷：ニモツ
田：タンボ（＜タノモ＜タノオモ（田の面））

このような使い分けは、和語だけでなく、胃：イブクロ、のように漢語にも及んでいる。湯：オユ、茶：オチャ、酢：オスなども、この

1　日本語語彙の構成

類に数えてよいであろう。

　多音節化された語形のほうは、もっぱら口頭言語にしか使用されないので、書記テクストに記載される機会が少なく、個々の語形が形成された時期を明らかにするのは困難である。ただし、いずれも、他の語との聞き分けを容易にするために補強された語形であることは疑いない。

　2音節名詞は一律に分析不能と捉えられるが、このようにして構成された3音節名詞のなかには語構成が漠然と意識にのぼる事例もある。ただし、コドモが〘コ＋ドモ〙と分析されても、ドモが複数を表わす接尾辞とは分析されない。つぎの例のコドモは、コトバどおり、複数であろう。

○瓜食めば　子ども思ほゆ（胡藤母意母保由）栗食めば　まして偲はゆ（略）［万葉集・巻5・802・山上憶良］

　4音節名詞の場合で言えば、キンダチ（公達）トモダチ（友達）は、どちらも複数とは限らない。

　以上の結果に基づいて大筋を捉えるなら、つぎにように要約できる。

　　もっとも古い段階の日本語では単音節名詞が主体であったが、複合語がしだいに増加して、2音節以上の名詞が増加した。それらのなかには、①ふたつの意味単位の複合したものと、②他の語との聞き分けを容易にするために、単音節語の意味のままで多音節化されたものとがある、

　2音節名詞ヒル（昼）のル、ヨル（夜）のルが脱落してヒ、ヨが形成されたのか、単音節名詞ヒ、ヨにルが後接してヒル、ヨルが形成されたのかは証明できない。後者であれば、単音節名詞の2音化であるが、ラ行音節は柔軟性に富んでいるので、型どおりに多音節化され

たとは限らないからである。

　上代にも鳥小屋をトヤとよんでいるから、鳥がトであったとすると、ト：トリのリも、ヒル、ヨルのルと同じような要素のようにみえる。ラ行音節を切り離した単音節の語形は確認できないが、ソラ、ハラ、アリ、クリ、モリ、ムロ（室）、などの語末音節についても、そういう可能性を一概には否定できない。

【注】　フォーマル、インフォーマル……〇フォーマル（formal）は、表現や文体について、硬い、堅苦しい、かしこまった、格式ばった、などの意味を表わし、インフォーマル（informal）は、その反対に、砕けた、非公式の、格式ばらない、打ち解けた、などの意味を表わす。〇伝統的に使用されている、ハレ：ケという対比的用語は、ほぼ、これに相当するようにみえるが、このセットは、和語が抽象的概念を表わすのに適していない典型的事例のように見える。ハレは「晴」でよいが、ケに当てられる漢字「褻」から筆者が連想するのは、この文字を含む、事実上、唯一の漢語「猥褻」であるから抵抗が大きい。ちなみに、「け」の項に「古語めかした言い方の時だけ使う」と注記した国語辞典もある（『岩波国語辞典』第6版・2000）。

1.12　単音節語のまま残った名詞

　前節に述べたように、セナカ、ハッパ、ネッコなど、他の語との聞き分けを確実にするために、単音節名詞が3音節に補強された語形は、主として口頭言語のインフォーマルな文体に使用され、単音節の語形で保たれた名詞はフォーマルな文体に使用された。しかし、つぎのような語は、多音節の語形が形成されずに、口頭言語でも単音節語のまま、現代も使用されつづけている、

　　〇鵜、蚊、木、毛、巣、血、手、戸、歯、刃、火、日、穂、帆、間、

1 日本語語彙の構成

実、芽、藻(モ)、矢

前節では、単音節名詞が2音節や3音節の語形をとるようになったことについてふたつの理由を考えた。そのひとつは、①語彙の膨張に対応して、全体の語彙容量を大きくする必要が生じたことであり、もうひとつは、②単音節語は他の語と紛れやすいので語形を補強する必要に迫られたことである。

単音節名詞が後世まで残っていても、理由①の妨げにはならないが、理由②の当否については、つぎのふたつの点について再検討が必要のようにみえる。

(1) 上掲の語には頻用度の高い語が少なくないので、それらについては紛らわしい場合が多発したのではないかと考えられること。
(2) 「鵜」は母音だけの音節であるから、単音節のままでは、他の語と紛らわしい場合が生じたのではないかと考えられること。

いずれも、理屈で導かれた問題点であるが、我々は、<u>～と考えられる</u>というたぐいの観念的思考から離れて、原点に立ち戻る必要がある。

この場合、原点に立ち戻るとは、上掲の単音節名詞が、現代語としてどのように運用されているかを観察することである。現代日本語の話者は、これらの単音節名詞を使って、不自由なく生活している。その事実をもとに、これらの語が単音節であっても伝達に支障を生じない理由を突き止めるべきである。

これらの語は、つぎのように、最小限の文脈が与えられれば、確実かつ容易に識別することができる。

○ハが痛い。カに刺された。ヒが沈んだ。ヒを付ける。稲のホが出た。ホをあげて船出した。メがかゆい。やっとメが出た。ユが沸いた。ワをくぐる。

水田を目の前にしての会話なら、あるいは、文脈からそのことが明白なら、「稲の」と言わなくても、「ホが出た」で十分である。

　東京方言などでは、アクセント型の違いで「日」と「火」とを聞き分けるが、型の区別のない方言でも文脈が与えられれば混同は生じない。「このキにウがスを作った」のように、単音節名詞が連続しても円滑な伝達が可能である。

　この事実を逆から捉えるなら、単音節名詞のうち、運用の場で経験的に他の語と混同を生じなかったものは、多音節に補強されなかったことになる。したがって、口頭言語の語形として「子」にはコドモがあり、「田」にはタンボがあっても、「うちのコが、いちばんかわいい」とか、「タに水を張る」など、確実に識別できる文脈では、単音節の語形でも使用されている。

　言語にとって大切なのは、効率的運用、すなわち、正確かつ迅速な伝達が可能なことである。その原理は、効率という語の意味あいが異なるだけで、美的表現や詩的表現を豊富に含む文学作品のテクストにも同様に当てはまる。

　書き手が意図したとおりの感動を読み手に的確に伝達することも、書記テクストが担う重要な伝達機能のひとつである。

2
借用語間のバランス

2.00 カタカナ語使用の是非

　日本語の語彙は、互いに異質なみっつのグループで構成されている。すなわち、和語、漢語、カタカナ語（→前章）である。

　この章では、それらが、どのように絡み合いながら日本語の体系のなかで機能しているかを検討する。

　日本語の古層は和語であるが、中国文化との接触によって漢語が導入され、さらに、欧米諸国の文化との接触によってカタカナ語が導入されたというのが、日本語の語彙構成の歴史的素描である。

　統計によるまでもなく、近年、カタカナ語が増えつつあることは肌で感じることができる。その現象を、もはや許容の限界を超えている、あるいは、無秩序に乱用されていると受け止めている人たちも少なくない。本書の筆者に対しても、日本語の研究者でありながら、しかも、いいトシをしていながら、カタカナ語を無神経に使いすぎるという批判があるかもしれない。

　結論を先取りするなら、原理的に言って、カタカナ語が増えても日本語の将来を心配する必要はない。なぜなら、他の言語とどれほど濃密に接触しても、どの語を借用してどのように使用するかは、借用す

る側の主体的な選択だからである。借用されるのは、その言語を運用するうえで有用な語だけであることは、過去の事例から明らかである。特定の個人が、日本語にこんな語は必要がないと確信をもって判断しても、結果としてその語が借用されるとしたら、日本語社会がその語を必要としているからである。日本語社会は多様に分化している。

　原理として一般化するなら、言語は効率的運用に役立たない構成要素を体系のなかに抱え込むことはない。それを逆に捉えるなら、言語体系を構成するすべての項目は、他の項目が果たすことのできない固有の役割を担っている。

　カタカナ語をどんどん使う人たちがいる一方、伝統に育まれた日本語が英語に蝕(はぐく)まれつつあると憂慮している人たちも多い。しかし、自分だけでなく、たいていの日本人には意味がわからないはずだとか、英語の意味と違うから、そのつもりで使うと外国人に誤解されるとか、そういう排除の論理を先行させるまえに、どうして、カタカナ語が多用されるようになってきたのか、その理由を解明すべきである。もとより、近ごろの若者は軽薄で、日本語を大切にする気持ちがないからだというたぐいの短絡的説明ですませるべき事柄ではない。

　そもそも、近年になって借用されたカタカナ語や、その類型に合わせて造語されたカタカナ語を「カタカナ語」という名称のもとに一括して、その良し悪しを論じたりすべきではない。個々の語について、和語や漢語による等価の置き換えが可能かどうか、また、可能であるとしたら、もっとも運用効率のよいのはどれであるかを客観的に査定すべきである。

　筆者は、カタカナ語を多用する方針などとっていないし、なるべく使わないように心がけてもいない。聞き手や読み手に自分の考えをい

ちばん適切に伝達できると思う語を意識的に、あるいは無意識に選択して使っているにすぎない。したがって、聞き手や読み手の違いに応じて、当然、用語や表現は可変である。本書のなかに、適切でないカタカナ語が使われていると感じたなら、そのカタカナ語を、その文脈で、適切な和語または漢語に置き換えてみて、どちらが、なぜ、適切であるかを考えていただきたい。

メカニズムという語を頻発したり、前章にサブグループという語を使ったりしたのは、それよりも適切な語が思い浮かばなかったからである。「言語運用の機序（機構）」、「下位小群」などとしたら、それらを、もう一度、カタカナ語にもどさないと理解できなくなる。文字で読むなら「下位グループ」でもよいが、耳で聞いたら「下位」がすぐには思い浮かばない。サブグループの意味がわからない読者がいることを、筆者は想定していない。

2.01　二重言語・日本語

新聞記事やテレビのニュースなどに、耳慣れない漢語が出てくると、どういう漢字を書くのだろうと考える。漢字がわかれば意味がわかる、逆に言えば、漢字がわからなければ意味がわからないと思い込んでいるからである。

漢字依存は漢語だけに限らない。

タケダユミコです、と自己紹介されると、タケダは武田か竹田か、ユミコは由美子？　裕美子？　弓子？　優美子？　有美子？　それとも、ゆみ子？　と考える。漢字を確認するまでは、ほんとうの名前がわからないので落ち着かない。ところが、「東裕一」という名刺をもらえば、ヒガシかアズマか、ユウイチか、ヒロカズか、それともヒロ

イチか、あるいは、ほかの読みかたかもしれないのに、ひとまず、その人物の名前がわかったつもりになる。名前が先にあって、それをどう書くかではなく、漢字が先にあって、それをどう読むかである。

　日本語話者としては、それが自然な反応である。子どものころから身についた習慣なので、格別、不自然だとも思わない。しかし、考えてみれば、これは、かなり深刻な問題である。なぜなら、その事実は、日本語が漢字の支えがないと独り立ちできない言語になってしまっていることを意味しているからである。

　石川九楊は、『二重言語国家・日本』(NHKブックス859・日本放送出版協会・1999)において、たいへんユニークな日本語論、日本論を、率直な表現で展開している。

　独特の伝統に育まれた日本語の豊かさ、美しさに陶酔しきっている人たちは、「日本語は中国語の植民地言語である」という超刺激的な(注)指摘を目にしただけで卒倒してしまいそうであるが、筆者は同書から、日本語史の流れを捉えるうえで、きわめて重要な示唆を得ることができた。

　同書に提示された考えが筆者の認識を鮮明にさせたのは、つぎの4点であった。

(1)　中国文化との継続的接触によって導入された大量の漢語を日本語として組み入れなかったなら、日本文化は、たいへん貧しいままにとどまっていたであろうこと、また、そういう貧しい文化しかもたない社会における伝達の媒体として機能しつづけていたなら、後世、西洋文明の受け皿になりえなかったこと。

(2)　漢字は造語力に富んでおり、必要な語彙をいくらでも作り出せたので、日本語は、どれほど高度な内容でも自由に表現できる言

語でありつづけることができたこと。
(3) 前項の副作用として、口頭言語の円滑な運用が阻害されるほど、漢字に対する依存性が抜きがたくなってしまっていること。
(4) 現在、漢語語彙の大きな部分を、文字への依存性のないカタカナ語と入れ替えることによって、円滑な情報伝達が可能な言語への抜本的な体質改善が進行しつつあること。その意味で、現在の日本語は、<u>大きな転換期にあること</u>。

以上に列挙した4項は、同書の著者による指摘そのものではなく、筆者の貧しい頭脳で消化した結果であることを、誤解のないようにお断りしておく。

この章で取り上げたいのは、特に(4)に関する事柄である。

【注】 <u>超刺激的な</u>……筆者の脳裏にひらめいたまま、こびりついてしまった語は、provocativeであった。適切な訳語を英和辞典で探してみたが、気に入った訳語がなかったので、筆者の思い入れをこめて「超刺激的な」で妥協した。もとの語は悪い含みで使用されることが多いようであるし、「挑発的な」と置き換えれば、まさに、悪い意味になってしまう。刺激的だけではもの足りない。このあたりに漢語とカタカナ語との相克があることを痛感した。筆者は本書の内容も読者にとってプロヴォカティヴでありたいと願っている。言い添えるなら、語形は同じでも、「チョウ刺激的な」と表記すれば冷やかしになるし、「刺激的にすぎる」と表現すれば批判になるというたぐいの、おもしろい問題は、このあたりに、いくらでもある。

2.02 現代語における漢語のジレンマ

日本語を膠着語として位置づけたりするのは時代錯誤であることを指摘したが（→003）<u>膠着性</u>ということなら話が別になる。一次和語の

膠着性は、つぎのように、漢語を運用するうえで、この上なく好都合な特性であった。

(1) 漢語に助詞を添えると名詞句になる（運用ヲ）。
(2) 漢語に動詞スル（＜ス）を添えると動詞になる（運用スル）。
(3) 漢語にニ／ナを添えると修飾句になる（適切ナ／適切ニ）。

仏典などのテクストに助詞、助動詞や活用語尾などを書き込んで訓読することが可能であったのも、漢字に助詞、助動詞、動詞ス、動詞ナリなどを膠着させることができたからである。コレア語も、一次和語と同じ膠着性を十分に利用して大量の漢語を取り入れている。

古代日本が高い文化をもち、その文化を中国が受容したという逆の場合を仮定してみると、日本語に基づいて記録するために発達した書記様式で叙述されたテクストを、漢文訓読と同じような方法で読み解くことは、とうてい不可能であった。

日本語は、中国語から借用した漢語を日本語に組み入れて使用することによって高度な内容を表現できるようになったために、高い文化を構築し、それを維持しつづけることができたし、ドイツ語、英語、フランス語などの単語を漢語に置き換えて、西洋の文化や文明を取り込むことも可能であった。

このように考えるなら、日本社会における文化水準の維持、向上に漢語が果たしてきた役割は計り知れないものがある。

漢語に着目して日本語の歴史を顧みると、ふたつの大きな山があったことがわかる。そのひとつは、上代から平安時代にかけて、大量の漢語が借用された時期である。それによって、日本語の体質は一変した。後述するように、日本語に漢語がとけこんでいなかったなら、紫式部はモノノアハレを表現することができなかった（→207）。その時

期以後、日本文化は漢語によって支えられてきた。

　ふたつ目の山は、19世紀以降、ヨーロッパ文化と濃密に接触した時期である。既存の漢語も豊富であったが、それ以上に力を発揮したのは漢字の造語力である。

　漢語の基本は2字の熟語である。ふたつの漢字の意味を合わせれば新しい概念を表わす熟語ができる。たとえば、probable とは、起こりそうだ、たぶんそうなるだろう、という意味である。そこで漢文訓読の「蓋シ然ラム」と結び付き、probability の訳語として「蓋然性」という漢語が日本語の語彙に加えられた。

　ガイゼンと耳で聞いて分かった人がどれほどいたかは疑問であるが、当時の知識階級の人たちには漢文の素養があったから、「蓋然」という字面を見れば意味が理解できた。しかし、漢文が縁遠くなってくると、「蓋」はフタとしか読めないから、あるいは、漢字の知識が少ないとフタと読むことすらできないから、お経の文句のようにしか見えなくなっている。分野によっては、それと同じ語が、確率、公算、とも翻訳されている。

　かなり短期間に取り入れたヨーロッパ文化文明の総量は膨大であったが、漢語の造語力はそれらを完全にカヴァーすることができた。日本が欧米の文化に追いつくことができたのは、自由自在に造語できる漢字があったからである。しかし、このすぐれた特効薬には重大な副作用があり、漢語の大量摂取はその後における日本語の運用に深刻な問題を残すことになった。

　特に顕著な後遺症は、つぎのふたつである。

(1)　聴覚的に理解できるかどうかを考慮せずに、ふたつの漢字の意味を組み合わせて新しい漢語をどんどん作り出したために、字面

を見れば理解できても、同じような文脈で使用される同音異義語を含めて、耳で聞いても、どういう語であるのか判断に迷うものが多くなってしまったこと。

(2) 訳語として作られた漢語の定義は、翻訳のもとになった語と同じであるにもかかわらず、漢語の字面を見ると、当否を別として、意味を推察できることが多いので、原語の意味を顧みず、ふたつの漢字の意味の和と理解して使用するために、しばしば混乱を生じるようになったこと。

まず、(1)の具体例をあげてみよう。

筆者は、講義のなかで、たとえば、「ソータイテキに把握する」とか「ソータイとして機能する」と言うときには、そのことばを口にしながら黒板に「総体(的)」と書く習慣が身についていた。それを書かないと、学生諸君は「相対(的)」と聞き取るからである。「相対(的)」では話がつうじない。立ち話になると、漢字を口で説明しなければならない。そんな手間をかけるぐらいなら、最初から「トータルとして」と言えばよい、その程度のカタカナ語を知らない学生はいない。むしろ、「総体的」では、漢字を書いて見せても全員がその意味を理解するとは限らない。

黒板を消しながら見ると、そういうたぐいの漢語がたくさんチョークで走り書きされている。「帰納」、「演繹」のように、漢字から意味が推測できない漢語には、漢字のほかに、deduction、inductionという英語も書き添えられている。

この原稿を書きながら気がついたことを、書き加えておこう。

筆者は、講義のなかで「総体的」以上に「相対的」を多く使ったはずなのに、「相対的」と黒板に書いた記憶がない。その事実は、今後

2　借用語間のバランス

における漢語とカタカナ語との使い分けの方向を示唆している。すなわち、同音異義の紛らわしい漢語があれば、優勢なほうが漢語で残り、劣勢なほうは、対応する適切なカタカナ語があれば、それに置き換えられるということである。

つぎに、(2)の具体例をあげてみよう、

○政治の信頼回復が現内閣に課せられた至上命題である。

「命題」とは論理学の用語で、英語なら proposition である。「スズメは鳥である」のように、判断を言語で表わしたものをいう。しかし、原語と無関係にこの漢語を見れば、使命として果たすべき課題、あるいは、天命として解決すべき課題、と理解できるので、そういう意味に使う人たちが多くなり、もはや、誤用と言いにくいほどまでに、そういう用法が定着している。

○優性に恵まれたものが同化（合併）する側に、劣性のものが同化
　　（合併）される側に、それぞれまわるのだと言えよう　［概説書］

「優性 (dominant)」、「劣性 (recessive)」は、遺伝学の用語で、雑種第1代で顕現する形質が優性、潜在していて顕現しない形質が劣性である。しかし、この一節には、優れたトコロ、劣ったトコロというほどの理解で使用されている。この文脈では、「優勢」、「劣勢」という意味に読み取れる。

言語学でいう「同化 (assimilation)」とは、ブラ (bura) サガル＞ブル (buru) サガル、のように、前後の音の影響で、それと同じ音、あるいは、類似した音になることである。これも、翻訳された専門用語を、定義を考慮せずに、漢字の意味を常識で理解したことによる誤りである。こういう場合の常識は世間常識ではなく、その研究領域における常識でなければならない。この著者は、「同化」を町村合併や企

業合併になぞらえているから、「合流 (merger)」を使用すべきであった。ただし、言語変化としての合流を町村合併になぞらえたりすることは、用語の誤り以上に、言語変化についての基本認識の誤りである。

本書は、一般読者を対象としているので、研究領域の現状批判には深入りしないが、翻訳された言語学の専門用語を国語学の研究者が、このように、漢字の意味で理解して使用するために生じる混乱は目に余るものがある(『国語史学基礎論』)。

以上に指摘したとおり、漢語が日本語として果たしてきた役割は絶大であったが、現在では、いくつもの厄介な問題を抱えこんだ状態にある。その一方、カタカナ語のめざましい台頭がある。この現象を日本語史の脈絡で捉えるためには、日本語の語彙が和語と漢語との2本立てになった時期に戻って、すなわち、第1の山に戻って流れをたどりなおしてみる必要がある。

2.03 古代中国語からの借用

日本語話者の感覚でカタカナ語と対比されるのは、和語と漢語とをひとまとめにした日本語である。そういう場合、漢語は中国語からの借用語であるとか、借用語であったとかいう意識は働かないのがふつうである。なぜなら、漢語は日本語そのものだからである。りっぱな日本語があるのだから、むやみにカタカナ語など振り回すなと怒る人たちは、その意味で正しい認識に基づいている。

日本語の原型は、日本列島で多くの言語が複雑な接触を重ねて形成されたと推定される。そうだとすれば、固有の日本語と考えられている和語の語彙には、いくつもの言語の要因が含まれていることになる。本来の和語とか、純粋の和語などという場合には、そういう事情を盛

り込んで使用すべきである。ただし、どういう言語が日本語の形成にどのように参加したかを解明する手掛かりは、おそらく、永久に訪れないであろう。

中国文化との接触が本格化する以前の日本語社会は、きわめて素朴な発達段階にあったと考えてよいであろう。情報伝達の媒体として機能する言語は、その社会を忠実に反映するから、当時における日本語の語彙も、そういう素朴な文化に見合うものだったはずである。

そのように貧弱な語彙で生活していた日本語話者たちが、中国文化の担い手であった朝鮮半島の人々や、後には、直接に中国語話者たちと密接な接触をもつようになれば、中国語の語彙が大量に借用されるのは自然の成り行きであった。

中国文化圏からもたらされたさまざまの事物のなかには、和語に接頭辞カラやクレを冠した名称でよばれたものもあったが(→603)、大部分は中国語の語形を真似て借用された。また、抽象的概念を表わす語も、たいていは和語に置き換えることができなかったので、中国語の語形を真似て借用された。

現代語で、人体の表面にあるテ、アシ、ミミ、ハナ、クチ、そして、目で見ることのできるシタ、ハ、ノドなどは和語であるが、臓器の名称は、事実上、すべて漢語でよばれている。キモ（肝臓）、ムラド（腎臓）、フグフグシ（肺）、クソブクロ（胃・腸）など、古くからあった和語は中国医学に駆逐された。和語の臓器名は、もっぱら、動物の臓器の名称として使われていたのかもしれない。

病気のカゼは「風」であり、セキは、<u>せき</u>止める、のセキであるが、タン（痰）は漢語である。病名は、事実上、すべて漢語であったが、近年は、ことに難病の病名に、カタカナ語の進出がめざましい。

2.04　借用語の語形

　漢語の語形について考えるための予備作業として、もっと近い時期の事例について、もとになった言語の語形が、借用語では、どのように日本語化されているかを概観してみよう。

　現代語のダイアモンドは、近世にギヤマンであった。オランダ語の diamant を、日本語話者の耳に聞こえたとおりに真似ようとした語形である。

(1)　当時の日本語にはディが使われていなかったので、聴覚的印象がそれに近いギで置き換えている。

(2)　母音連接 [ia] は、当時の日本語になじまない結合であり、聞き取りにくかったために、ギヤマンという語形にしている。

(3)　diamant の末尾子音 [t] は聞き取られていない。

　その後、英語が普及してカタカナ語にディが定着し、ピヤノ、アジヤ、ダイヤルなどのヤは、ほとんどアに置き換えられている。列車ダイヤ（<diagram）がダイヤのままなのは、ダイアの地位をダイアモンドの略称ダイアに奪われたためであろうか。オランダ語から借用されたギヤマンはガラスをさすようになり、宝石のほうは英語から借用されたダイヤモンドに置き換えられ、語形が整備されてダイアモンドになった。ちなみに、ガラスもオランダ語からの借用語である。英語から借用されたグラスは、ガラス製のコップをさす語になっている。

　英語からの借用語も、初期の段階では耳で捉えた語形であった。

　米国から輸入された小麦粉はメリケン粉とよばれ、ミシン用の木綿糸はカタン糸とよばれた。メリケンは American、ミシンは sewing machine、カタンは cotton である。現在では、それぞれ、アメリカン、マシン、コットン／コトンになっている。いずれも、スペリング

2 借用語間のバランス

に基づいた語形である。ランナー (runner)、ハンマー (hammer)、シンナー (thinner)、サンマー (summer) などもスペリングに対応させた語形であるが、サンマーは、英語の発音に近いサマーに移行している。

2.05 漢語以前

　中国語からの借用語が、すべて安定した語形をもつ漢語として日本語に定着するまでの過程は、オランダ語や英語からの借用語がたどった過程と原理的には同じであった。すなわち、初期の段階では、日本語話者の耳で捉えた語形で借用されたが、中国語の語形を日本語に置き換えるパターンがしだいに形成され、漢語の語形が体系として調整されるという順序を踏んでいる。

　ウメ［mme］（梅）、ウマ［mma］（馬）などは、古い時期に中国文化圏からもたらされ、耳で捉えた語形が日常的に使用されているうちに和語に組み入れられた。そのために、漢語の語形が確立されたあとで借用されたバイ、バ／マが、漢語の語形として認識されている。（→101）。シンメ（神馬）のメは、限られた古い語にしか含まれないので、いわば、枠外の特殊な音として位置づけられている。

　「硫黄」に当たる現代日本語はイオーである。平安時代の語形はユワウであった。10世紀のなかばに源順によって編纂された分類体の辞書『和名類聚抄』（二十巻本・河海類）には、「硫黄」の項に、「和名由乃阿和（ユノアワ）、俗云由王（ユワウ）」と注記されている。

　漢語の「硫黄」ならリュウワウ（＞リューオー）になるのが順当なはずである。リュウワウを訛ってもユワウにはならないからユワウは和語とみなすべきである。しかし、語構成がわからない。そこで、訛った語形のユワウをもとに復元された正しい語形がユノアワ（湯の泡）

であった。「和名」とは、正統の和語としての位置づけを意味している。したがって、ユノアワは、現実に話されていた語形ではなく、この辞書の編者、源順によって復元された語形である。

　編者の源順は、博学で、才知にたけた人物として知られていた。当否を問わなければ、ユワウから「湯の泡」を復元したそのヒラメキに脱帽したいが、こういう場合、当否を問わなければ、という条件を付けることは許されない。

　このように、語構成を推測し、現実に通用している語形が、推測された語形に改められることを逆形成 (back-formation) という。ただし、この場合には、辞書のなかだけに終わり、社会的に普及することはなかったから、イオーという語形で現在でも生きつづけている。

　『古事記』(712年)には、日本各地の地名語源が随所に記されているが、どれもこれも見え透いたコジツケである。

　『竹取物語』(平安初期)の末尾には、天皇が、勅使の一行を駿河(するが)の国にあるとかいう山に遣わして、「ふしのくすり（不死の薬）」を山頂で燃させたことから、その山を「ふしのやま（不死の山／富士の山）」と命名した、と結ばれている。これも地名語源であるが、仮名が清濁を区別しない文字体系であったことを利用した、フシとフジとの語呂(ごろ)合わせである。以来、語源説明の伝統は現在でも衰えを見せていない。落語のタネのようなコジツケから、舌を巻くような鋭いヒラメキまで、さまざまあるが、同系の言語をもたない日本語の場合、文献時代以前に遡る語源説明は、客観的証拠が得られないので、所詮、ユワウ＜ユノアワのような頭の体操でしかありえない。

　初夏に白い花を開くクチナシの語源はいろいろに説明されているが、どれにも無理がある。筆者は、癖のある特有の芳香が腐った梨を連想

させるので「朽ち梨」と命名された可能性を考えるが、その当否を議論するつもりはない。日本語の語源説明には、この程度のヒラメキがきわめて多い。

　語源に限らず、自分がせっかく思いついたことでも、第三者の目で冷厳に評価して、成り立ちそうもなければ一笑に付すだけの余裕がないと、物事を客観的に判断することは難しい。

2.06　語音結合則、語源の解明

　人間は、世界を有限の語に分断して把握する。連続した事象を不連続の単位に分断する。虹を7色に分断して捉えるのもその例である。また、有限の語を組み合わせて、無限の事柄を表現する。

　発音器官を使って出せる音は無限であり、連続しているが、それぞれの言語、それぞれの方言では、それを有限の単位に分断し、それらの単位を固有の規則に基づいて組み合わせることによって、個々の意味単位に対応する語形を形成する。

　単純化して考えるために方言差を考慮しないで比較すると、日本語と英語とに共通する音は少なくないが、組み合わせの規則がたいへん違っている。たとえば、日本語では [s]、[t]、[p]、[r] のあとに必ず母音が続くが、英語では stop、street のような複数の子音の組み合わせが自由である。ただし、sr という結合は使われないというように、細かい規則がある。

　それぞれの言語、それぞれの方言の手持ちの音をどのように組み合わせて運用するか、あるいは、どのような組み合わせを避けるかという固有の運用規則を語音結合則 (phonotactics) という。

　語音結合則は、それぞれの言語、それぞれの方言を効率的に運用す

るうえで、不可欠の役割を果たしているが、本書ではそこまで深入りできないので、つぎの比喩に託して、基本的な考えかたを示しておく。

　日本家屋に入る場合には履物を脱ぐのが制約的社会慣習であるが、西洋式の家屋に入る場合には靴を脱がないのが制約的社会慣習である。制約的社会慣習とは、それに従わないとその社会に受け入れてもらえない慣習を言う。

　同じく人間が生活する家屋でありながら、履物について、このように際立った慣習の違いが確立されている理由は、現在の慣習を逆にした場合、どのような不都合が生じるかを考えてみれば、当然のこととして理解できる。

　一次和語の語頭にはラ行音節が立たない。この語音結合則は、おそらく文献時代に入るよりも、はるか以前に確立されたものであり、現在も続いている。

　これと同じ語音結合則はコレア語にもある。たとえば、中国の「李」姓はリであるが、韓国の「李」姓はイである。もとの中国語では [li] であったが、頭子音 [l] がコレア語の語音結合則に拒否されて脱落したためである。中国語の「硫黄」がコレア語に借用された際に「硫」の頭子音 [l] が脱落し、その語形で日本語に再借用されたために、日本語でユワウになったのと同じである（→前節）。

2.07　『源氏物語』の漢語

　『源氏物語』が美しいヤマトコトバを連ねて叙述されていると信じ込んでいる人たちは少なくない。しかし、美しいかどうかはともかくとして、ヤマトコトバ、すなわち、和語だけで綴られているという理解は事実に反している。

2 借用語間のバランス

　紫式部による自筆のテクストは早い時期に失われたらしく、現存するのは中世以降の写本であるが、以下に指摘する事柄には確実な傍証があり、また、理論的にも裏づけが可能である。

　「源氏」とは、皇族の地位を離れる際に与えられた姓で、漢語である。当時の語形は、グエンジであった。すくなくとも上層階級の人たちはそのように発音していたが、文字では「源氏」と漢字で書くのが習慣であった。この物語には、「源氏」のほか、「源中将」、「源中納言」、「源内侍」なども登場する。

　『源氏物語』の冒頭の一節には、「いづれの御時にか、女御、更衣、あまたさぶらひ給ひけるなかに」と、ふたつの漢語が使われている。この物語は、おびただしい漢語を交えて叙述されている。

　○取るかたなく、くちをしき際と、優なりとおぼゆばかりすぐれたるとは、数ひとしくこそ侍らめ　［帚木］

　「優なり」とは、たいへん上品で、優美な状態をさす語である。

　○いとど艶なる御ふるまひ尽きもせず見えたまふ　［澪標］

　「艶なる御ふるまひ」は、優美な動作を言う。

　○一日の、興ありしことと聞こえたまふ　［花宴］

　「興ありしこと」は、これはおもしろいと関心をそそられた、という意味である。

　古代日本語でも、現代の外国語でも、なじみのない言語で記されたテクストを読む場合には、それぞれの語がどういう事物、事柄、動作、状態などを表わすのかを理解するのが精一杯で、その語のもつ微妙な含みまでは、なかなか読み取れない。

　現代の日本語話者が『源氏物語』を読む場合、それぞれの語の含みまでは考えずに、というよりも、そこまで考える余裕などなしに、辞

書や注釈書などの解説を鵜呑みにして、理解できたつもりになっている場合がほとんどであるが、辞書の編者や注釈者も、読者と同じように、平安時代の生活は体験していない。

　中国文化の強い影響を受け、中国語の語彙を豊富に借用したこの時期には、現代のカタカナ語に相当するのが漢語であった。『源氏物語』の現代語訳にカタカナ語を持ち込んだりするのは言語道断だと考える人たちが多いであろうが、上引の諸例に即して言えば、「情趣がある」、「風情がある」、「趣がある」などというゴマカシの決まり文句よりも、たとえば、「優なり」はグレースフル（graceful）、「艶なり」はエレガント、チャーミング、「興あり」はテンプティング（tempting）、インヴァイティング、というように、カタカナ語で置き換えたほうが当時の感覚に近いであろう。いっそう適切な語があるとしたら、それらも漢語や和語ではなくカタカナ語のはずである。もとより、どういう語をもってきても等価の置き換えは不可能である。

　紫式部が、上引のような文脈でヤマトコトバを使わずに漢語を選択しているのは、彼女が、鼻持ちならぬヒケラカシ屋だったからではなく、そういう繊細な感覚を的確に表現できる和語が思い当たらなかったからである。これらの漢語が他の仮名文学作品にも同じように使用されていることは、中国語からの借用語を取り込むことによって、<u>日本語による美的表現の可能性が拡大された</u>ことを意味している。

　作者がそういう漢語を駆使して物語を叙述していることは、物語の主たる読者であった女房たちがそういう表現を聴覚的に理解できたからにほかならない。

　「優なり」、「艶なり」、「興あり」などは、どれもひとつの和語で置き換えることのできない概念であった。「優なり」はウルハシではな

いし、ウツクシでもない。「艶なり」はナマメカシではない。「興あり」はオモシロシではない。

　紫式部がヤマトコトバで平安時代の美しい世界を描いたと思い込んでいた人たちは、彼女が中国文化カブレであったことを知って当惑したかもしれないが、そのように考えるのは正しくない。和語の語彙になかった、そういう繊細な美しさを表わす語を中国語から借用して日本語の語彙に組み込むことによって、<u>日本語によるいっそう繊細な美的表現が可能になった</u>ことを素直に評価すべきである。

　中国語からの借用語が日本語に組み込まれていなかったなら、紫式部はモノノアハレに貫かれたこの物語を世に残すことができなかった。『枕草子』その他の仮名文学作品も同様である。

　前述したように、<u>他の言語と濃密に接触しても、借用するのは、その言語を効率的に運用するうえで有用な語だけである。</u>

　政治的には強権的支配であっても、言語が他の言語を侵略することはない。長期にわたるノルマン人による征服（Norman Conquest、1066〜）のあとに残されたのは、それ以前よりもはるかに豊かになった英語の語彙であった。

2.08　大徳、消息、博士

○弁も<u>いとさえかしこきはかせ</u>にて、言ひかはしたることどもなむ、いと興ありける　［源氏物語・桐壺］

○この尼君の子なる<u>たいとこ</u>の声、尊くて、経うち読みたるに、涙、残りなくおぼさる　［源氏物語・夕顔］

○艶なる歌も詠まず、けしきばめる<u>せうそこ</u>もせで

［源氏物語・帚木］

『源氏物語』の古い写本には、「才」、「博士」、「大徳」、「消息」に相当する語が、たいてい、「さえ」、「はかせ」「たいとこ」、「せうそこ」、と仮名で表記されている。

　「博」、「徳」、「息」の中国字音は、いずれも、末尾が子音 [k] であったから、そのあとに母音を添えて、和語と同じ CV の音節を形成した。現代語で「博」、「徳」、「息」は、それぞれ、ハカ、トコ、ソコではなく、ハク、トク、ソクである。すなわち、ハカセ、ダイトコ、セウソコ、のように、末尾に添えた母音が [a] や [o] ではなく [u] になっている。

　ハカセ、ダイトコ、セウソコなどは、mme（梅）mma（馬）やメリケン粉、ミシンなどと同じように、借用語の語形が定着する以前の時期に、耳で捉えたとおりに写した語形である。（→204）。

　和語には、ソコ、ココ、トコロ、ココロ；アカ、サカ、ナカなど、同じ母音の音節が連続する比率が高い。これらの漢語も、先行する母音と同じ母音が末尾に添えられている。

　漢字音の末尾音節をCVにするために添えられた母音Vを寄生母音という。「寄生」は英語 parasite の訳語であるが、現今ではパラサイトというカタカナ語も一般化している。

　平安時代末期までに形成された漢字音の規範的パターンでは、寄生母音が、先行する母音の違いに応じて、たとえば、「暦」は、漢音リャク、呉音レキになっている。[i] も [u] も、口の開きの狭い母音である。

　「博士」の「士」と「才」とは、あとの時期と母音が異なっている。「博士」は、『源氏物語』などの仮名文学作品に「はかせ」と表記されているだけでなく、三巻本『色葉字類抄』に「博士ハカセ儒同」（波・

官職）と記されているから、ハカセが公式の名称であった。

　橘忠兼によって12世紀に編纂された『色葉字類抄』は、和語に当てる漢字を検索するための字書である。和語を「イロハ順」、すなわち、語頭音節を基準にして、「イロハニホヘトチリヌルヲ〜アサキユメミシヱヒモセス」の順に並べ、それぞれの部が、天象、地祇、植物、動物、などの部門に下位分類されている。

　「大徳」、「消息」は、平安末期までに、それぞれ、ダイトコ→ダイトク、セウソコ→セウソク（＞ショーソク）というように、規則的な語形に整えられた。しかし、ハカセは、その語形のまま、現在も生きつづけている（→次節）。

　平安時代のハカセは官職の名称であったが、現在の「博士」は学位の名称である。ハカセともハクシとも言われるが、学校教育法には漢字で「博士」と記されているだけであるから、どちらに読もうと自由である。

　国語辞典では、たいてい、「はくし」の項で学位について説明し、「はかせ」の項は、〈「はくし」に同じ〉とか、「→はくし」とかいう形式になっている。すなわち、これらふたつの語形は同義語とか別形とかいう扱いになっている。

2.09　類似したふたつの語形の共存

　ハカセとハクシとの関係について考えるまえに、つぎにあげる大切な原則を確認しておきたい。

　<u>一般に、同一の事物や同一の概念をさすふたつの類似した語形Aと語形Bとが同時期の同一方言に共存する場合には、①語形Aから語形Bに移行する過渡期にあるか、さもなければ、②語形Aと語形Bとが、</u>

<u>意味や含みの違いで使い分けられているか、そのどちらかである。③
単純なユレが長期間にわたって共存することは、事実上、ないと考え
てよい。</u>

　古語辞典には「〜に同じ」という項目がたくさんある。しかし、それは、辞書の編集者が「同じ」と思い込んでいるだけであって、ほんとうに同じであったかどうかは別である。利用者は、このような「同じ」を、編集者には違いがわかっていない、と読み替えて理解しておくべきである。

　○<u>男性</u>を刺した<u>男</u>は、現場から車で逃走した。

「男性」も「男」も女性でない大人をさすが、「同じ」ではない。現代語であるから、日本語話者には違いがすぐに感じ取れる。しかし、過去の文献にこのような使い分けが出てきても、ふたつの語を「同じ」と片付けて、わかったつもりになってしまいがちである。

　平安時代の「をとこ」と「をのこ」とを見てみよう。
　○昔、<u>をとこ</u>ありけり。東(ひむがし)の五条わたりに、いと忍びて行きけり

[伊勢物語・5段]

　○<u>をのこ</u>は、言(こと)加へさぶらふべきにもあらず

[枕草子・清涼殿の丑寅の隅の]

　○供なる<u>をのこ</u>、童(わらは)など、とかくさしのぞき、けしき見るに

[枕草子・懸想人にて]

　本来、ヲトコとヲトメとはセットとして形成された。『古事記』では、イザナキ、イザナミの両神が相手をヲトコ、ヲトメとよびあって契りを結んでいる。

　ヲの発音が wo＞o という変化によって [o] になり、アクセントも変わっているが、オトコもオトメも、ともに現代語に残っている。し

2 借用語間のバランス

かし、現代語のオトコはオンナとセットになっており、意味のうえでオトメとセットになる語はない。あえてあげれば、「青年」の語感がそれに近いであろうか。

この歴史をたどると、日本社会における女性差別の歴史が浮かび上がってくる。

現代語のムスコとムスメとは、意味のうえで、きれいなセットになっていない。「娘が二人と息子が一人おります」という言いかたでは、その違いが隠れているが、「若い娘たちが街を歩いている」はふつうの言いかたなのに、「若い息子たちが街を歩いている」とは言わないからである。

若い未婚の女性なら、だれでもムスメであるが、ムスコとなると、自分の息子をさす場合以外は、どこの家の息子だ？ ということになる。タスキをかけた桃娘が桃を配るが、桃息子が登場しないのは、娘のほうがかわいいからだけではない。

日本社会との密接な相関のもとに日本語の歴史を捉えるうえで、これはたいへんよい例である。日本語話者なら、日本の社会を支えてきたイエの制度が背後にあるという程度の示唆で、そのあとを考えることができるはずである。筆者が最後まで説明してしまったら、読者の考える楽しみを奪うことになる。

このような問題は、音韻史、文法史、などという伝統的枠組みを離れて、社会言語学の立場から捉えるべきである。

平安時代におけるヲトコとヲノコとの関係に話題をもどそう。

『伊勢物語』には、「昔、をとこ（ありけり）」で始まる挿話がたくさんある。名前も年齢も、身分も記さずに、「をとこありけり」では、なにもわからない。しかし、このヲトコを、ヲトメとセットになるよ

うな、みずみずしい青年と理解すれば疑問は氷解する。平安時代に、ヲトコとヲトメとは、すでにきれいなセットではなくなっていたが、そのなごりはとどめていた。

まず、青年が登場すれば、物語の読者は、この挿話に出てくる相手はどんな女性なのだろうと、物語の展開に期待をふくらませる。それが「昔、をとこありけり」の手法である（『仮名文の構文原理』）。現代語の感覚で置き換えて、「昔、娘ありけり」と始まっていれば、読者は青年の登場を予測するであろう。

恋する若い男性がヲトコであったのに対して、男性一般はヲノコであった。前引の『枕草子』の用例は、ヲノコは口出しするものではないとか、お供のヲノコとかいうように使われている。

本来、ヲノコは「男の子」をさす語であったが、男性一般をさすようになったために、ヲノコのコが「子」の意味を失い、「をのこご三人あるに」［源氏物語・玉鬘］というように、男の子はヲノコに「子」を付けたヲノコゴになった。

以上、その一端にふれたにすぎないが、「昔、をとこありけり」を「昔、男がいた」と現代語に訳して済ませておくような、浅薄きわまる理解から脱して、表現のデリカシーに迫るためには、日本語話者の感覚を十分に働かせることのできる現代語の事例について、いわゆる同義語や類義語の相互関係のありかたを考えてみるべきである。言語運用の原理は、昔も今も変わりがない。

2.10　ハカセとハクシ

現代語にハクシとハカセと、ふたつの語形が共存しているのは、①ハカセからハクシに移行する過渡期にあるためであろうか、それと

2 借用語間のバランス

も、②ふたつの語形に、なんらかの使い分けがあるためであろうか。

「物知りハカセ」、「昆虫ハカセ」など、博士号と無関係に、その道に精通した人を意味する「博士」は、ハカセであってハクシではない。また、安直なドラマや漫画などで、博士号をもつ人物はハカセであり、「ハカセ！」と呼びかけるのがキマリになっている。しかし、筆者が大学に勤務していた40年間をつうじて、博士号をもつ人物に、だれかが「ハカセ」と呼びかけるのを目撃したことはない。

掃かせて捨てるほど博士がいても、世間では、まだ特殊な存在のようである。漫画には、地球征服などを企む、悪知恵にたけたハカセが登場する。頭はよいが社会から浮き上がった変人、というのが「博士」の社会的イメージであるとしたら、ハクシよりもハカセという<u>おかしなよびかた</u>のほうがふさわしい。

漢字表記がふつうなので、ハクシという語形がいつから使われはじめたかは、つきとめにくいが、筆者は、1950年代の末に<u>ハカセ課程</u>に在学していたように記憶するので、それ以後であろうか。現在、大学では<u>ハクシ課程</u>とよぶのがふつうのようである。

伝統的にはハカセであり、ハクシは新しい語形であるから、現在、新旧交替の時期にあるとすれば、ハカセの寿命はすでに切れかかっている。しかし、それを結論とするまえに解明する必要があるのは、ハカセで固定していて、他に同音異義語もなかったのに、どうして、ハクシという語形が使われるようになったのかである。

可能性はふたつある。そのひとつは、①「博士」という字面とハカセという語形との対応が異例であるために、ふつうの読みかたに調整する方向が生じたことである。こういう調整は、使用頻度の低い語に起こりやすい。そして、もうひとつは、②「博士」が二つの語形に分

裂したことである。

　もし、①の調整であるとしたら、どうして、ずっと早い時期にその調整が生じなかったのであろうか。また、②の分裂であるとしたら、さす対象は同じであるから、含みの相違に応じた語形の分裂が考えられる。すなわち、ハカセという語形のもつ空虚な権威を嫌う心理が、「博士」という字面を媒体として、ハクシを派生させ、その無機的な語形が、関係のある人たちの共感に支えられた、ということである。それならば、ハカセとハクシとは、権威の有無で区別される別語であるから、「物知り博士」も、三文ドラマの「博士」もハカセでなければならないし、学位取得を夢にがんばった頭の古い「博士」もハクシでは満足できない。

　漢語とともに古代中国から導入され、日本社会の風土病となった学問至上主義から完全に脱皮できるまで、すなわち、「博士」を勲章にする人たちがいなくなるまで、ハカセは生きつづけるであろう。

　「日本」の正しい国名はニッポンなのかニホンなのかという問題が、しばしば提起されるが、これらふたつの語形の関係も、一面において、ハカセとハクシとの関係と共通している。

　一般に、国名には、大韓民国と韓国、United States of America と U.S.A. などのように、フォーマルな語形とふつうに使用する語形とを使い分ける事例が多い。たとえて言えば、ニッポンはフォーマルウエアに当たり、ニホンは普段着に当たるから、どちらが正しいというわけではない（『日本語の音韻』）。

2.11　ビビンバという語形

　文化水準の高い社会で使われている言語Aと、文化水準の低い社会

2　借用語間のバランス

で使われている言語Bとが密接な接触を続けると、言語Aから、事物の名称や抽象的概念を表わす語などが言語Bに豊富に借用される。さきに述べたように、借用語の語形は、借用される言語の発音を耳で捉えて形成されるのが基本である。

コレア語からの借用語について検討してみよう。

韓国渡来の大衆的軽食として人気のあるビビンバの場合、コレア語の語形が以下のように、大きく変形されている。

(1) コレア語 pipim の語頭音節 [pi] がビで置き換えられている。

コレア語では、日本語のパン：バンや、英語の pet : bet のように、無声音（声帯の振動しない音）と有声音（声帯の振動をともなう音）とを聞き分けないが、無気音 [p]（呼気が出ない音）と有気音 ['p]（呼気をともなう音）とを聞き分ける。聞き分けるとは、その違いで語形を識別するという意味である。漢語のもとになった中国語も、その点でコレア語と同じであった。

比喩的に言えば、日本語や英語では鉛筆を芯の色で見分け、コレア語や中国語では軸の色で見分けるようなものである。なお、コレア語の [p] のグループには、イッパイやニッポンの子音のような、日本語の促音に似た濃音 [pp] もある。

コレア語になじんでいない日本語話者には、呼気の出ない [p] が有声音の [b] に近く聞こえる。

中国の首都「北京」を英語で Beijing と表記するのも語頭子音が無気音の [p] だからである。「京」の子音も無気音なので、ching でなく jing と表記される。

コレア語では、母音に挟まれた無気音 [p] が自動的に有声化して [b] になる。コレア語話者にとって [bi] は [pi] と同じであるが、

89

日本語話者は［bi］をビと聞き取る。

(2) コレア語 pipim の語末子音［m］を、日本語話者はンと聞き取る。

日本語話者は、鼻音［m］、［n］、［ŋ］が独立の音節になると、区別なしにンと聞き取る。

以上の理由から、コレア語 pipim は日本語でビビンになる。ビビンバの場合には、たまたま、そのあとが、唇音［pp］であるから、日本語話者は語末をンと言っているつもりでも、ビビンバのンは、自然に［m］になっている。東京の地名「日本橋」も「日本」の部分は［nihom］と発音されるが、たいていの日本語話者は、その事実に気づいていない。

日本語話者には、コレア語の kim、nam をキン、ナンと聞き取る。しかし、韓国に多い Kim（金）姓や Nam（南）姓の人たちの多くは、日本人に「キンさん」、「ナンさん」とよばれることを好まないので、相手の気持ちを尊重する日本人は［m］のあとに［u］を添えて「キムさん」、「ナムさん」とよぶ。ただし、ソウルの「南大門」をナンデモンと言っても、人名ではないので南さんから苦情は出ない。

英語 king を日本語の感覚で素直に捉えればキンになる。親族を意味する kin もキンになる。英語では、語末の［n］と［ŋ］との違いで区別される語が多い。ただし、混同の生じない条件では、しばしば、［ŋ］、が［n］で置き換えられる。

英語からの借用語の数は膨大であるから［n］と［ŋ］とを区別しないと混乱が生じるので、その打開策として生み出されたのが、ンのあとにグを添える方式であった。中学生は、ゴーイング、カミングと発音する。ダーリン（darling）は、ナマの英語の感じを出そうとした

2 借用語間のバランス

語形であろう。

(3) コレア語の [ppap] を<u>バ</u>で置き換えている。

米飯を意味するコレア語は [pap] であるが、語頭の無気子音 [p] が複合語の後部成素になって濃音化し、[pp] になる。日本語の連濁と同じような現象であるが、コレア語話者以外にとって、濃音はたいへん捉えにくい。

日本語話者が [p] を単独に発音すると呼気が出るが、コレア語の語末の [p] は両唇が閉じたまま呼気が出ないので、日本語話者がその [p] を聞き取るには訓練が必要である。[ppap] は [ba] としか聞こえないから、ビビンバになる。

現在のところ、コレア語からの借用語は食品に集中している程度で絶対数が少ないから、日本語話者の耳で捉えたとおりに借用語の語形を形成しても、他の語と紛れる恐れはない。それと違って、漢語の場合には、中国語から直接に借用された語彙が膨大であるうえに、日本で造語されたものもきわめて多く、しかも、新しい漢語が無限に作り出される可能性があるために、漢語と和語との識別よりも、漢語と漢語との識別が古い時代から大きな問題であったし、現在も同じ問題を抱えたままである。

2.12 借用語の語形

コレア語は日本語によく似ていると言われるが、似ているのは構文規則であって、ビビンバの例でみたように音韻体系には非常な違いがある。日本語と中国語との違いとなるさらに大きい。中国語の音韻体系は、日本語と比較にならないほど複雑である。

中国語の語彙を大量に導入するには、相互識別を容易にするために、

中国語の発音の区別をできるだけ多く生かして日本語に持ち込む必要があった。そうしなければ、同音異義語があまりに多くなりすぎて、円滑な伝達が不可能になったからである。

まず、理屈を先に考えてみよう。

中国語には [l] があって [r] がないし、日本語には [r] があって [l] がないから、中国語の [l] を日本語では [r] に置き換えてかまわない。実際には、それほど単純ではないが、どちらの言語も [l] と [r] とを区別しないことは事実である。

英語では [l] と [r] とを区別するが、日本語にはその区別がないから、light、right、rite が、どれもライトになる。ただし、場面や文脈があれば、判断に迷うことは少ない。野球中継で、「打球がライトのライトに当たりました」と言ったとしても、一瞬の戸惑いはあるが、間違いなく理解できる。したがって、日本語の側から歩み寄って、借用語にその区別を持ち込む必要はない。

警察犬などによく使われていた shepherd はセパードであったが、英語が普及したら、いつのまにかシェパードになった。ミルクセーキ（<milk shake）も、気がついたらミルクシェイクになっていた。

東京方言に基づく共通語に、シャ、シュ、ショ；ジャ、ジュ、ジョ、は使われていたが、シェやジェは使われていなかったので、聴覚的に近いセ、ゼ、で置き換えられていた。しかし、英語からの借用語が急速に増えてくると jet エンジンの飛行機が「Z機」と分析されかねないのは不都合になったので、体系に潜在していたシェ、ジェが借用語に使われるようになった。

シャ、シュ、ショ；ジャ、ジュ、ジョ、の母音を入れ替えるだけでシェ、ジェ、の音節を作ることは可能であった。潜在していた音節を

顕在させたので音節の種類は増えたが、音の種類は増えていない。

　レモンティーのティーや、ディズニーランドのディも、シェ、ジェの場合と同じように、体系に潜在していた音節が借用語に取り入れられたものである。

　以上を整理すると、借用語の語形に関して、つぎの原理が導かれる。
(1)　借用する言語Aに借用される言語Bと類似した音があり、他の音と紛れる恐れがなければ、言語Aの音で置き換えられる。
(2)　言語Bで明確に区別される音であっても、言語Aに運用上の支障がなければ、その区別は無視される。
(3)　言語Bから少数の語しか借用されない場合は、聞き取ったとおりの語形で借用語が形成される。
(4)　言語Bから多数の語が借用される場合は、同音異義語が多くなるのを避けるために、言語Bにおける音の対立をできるだけ生かして借用語の語形が形成される。
(5)　言語Bの音が、言語Aに顕在せず、体系に潜在している場合には、潜在していた音が顕在化される。

2.13　漢語の語形

　漢語の語形は、前節で帰納された原理に基づいて中国語の音韻体系を大幅に簡略化する一方、一次和語には使用されていなかった音を活写語から取り入れたり、CV 以外の構造の音節を導入したりすることによって、中国語と和語との中間に位置する音韻体系で形成された。かなり長い期間にわたって、外国語としての中国語と漢語とは連続していたが、日本語の構文に交えられる漢語の語形はしだいに安定し、また、借用語の類型に合わせて、日本語として使用するための漢語も、

必要に応じて形成されるようになった。

　新聞や雑誌の記事、あるいは、公的機関からの通知など、日常生活で目に触れる文章には、漢字が高い比率を占めており、それらの多くは漢語である。わずか3行たらずのこの文にも、以下の10個の漢語が含まれている。新聞、雑誌、記事、公的機関、通知、日常生活、文章、漢字、比率、漢語。

　現代の日常生活で使用されている漢語には、中国語から直接に借用された語よりも、その類型に合わせて日本で作られた漢語のほうがはるかに多い。こういう漢語がなかったら、現代の日本語社会における円滑な情報伝達は不可能に近い。

　経済、文化、歴史、など、近代的概念を表わす語や、いろいろの分野の専門用語には、英語をはじめ、ドイツ語、フランス語などの訳語として作りだされたおびただしい漢語が集中している。それらのなかには、日本語から中国語やコレア語に借用されているものも少なくない。なぜなら、中国語やコレア語の社会もそういう用語を日本語社会と同じように必要としていたからである。

2.14　語彙の集団差、個人差

　教養のある人だ、偉い人だと他人に尊敬させるために、難解な漢語を多用して相手を煙に巻こうとする人がいる。現今では、相手の知らないカタカナ語が、それと同じように使われている。効果は疑問であるにせよ、それもまた、漢語やカタカナ語の担っている副次的役割のひとつである。しかし、情報を正確に伝達することが目的なら、相手に理解できる語を使って表現する必要がある。

　仮名文学作品のテクストに相当数の漢語が使用されており、それら

2 借用語間のバランス

のなかには、仮名で書く習慣のないものも少なくなかった。したがって、物語や日記の作者だけでなく、読者もまた、そういう漢語を操ることができ、漢字を読むことのできる人たちであった。

その当時、文字は支配階級に独占されており、仮名文学作品の読み手は最上層のエリートであった。そういう日本語も日本語には相違ないが、庶民階級の人たちまで、同じような漢語を日常的に使用して生活していたわけではない。

現代の日本語社会は、多数の言語共同体の集合であり、それぞれの共同体で使用される語彙の構成は、職業や生活様式の違いに応じて、また、個人の生活のありかたに応じて多様である。国語辞典は、収録語数の多さを宣伝のメダマにしているが、利用者個人の立場からすれば、収録語数が多くなるほど、死ぬまで出会う機会のない語の比率が高くなるだけである。

分業が徹底していても、日本語社会を構成するすべての成人が共有する共通語彙とでもよぶべきものを想定することは可能である。実際にリストを作成するとしたら取捨に迷うであろうが、ここでは抽象論であるから、弾力的に考えてみる。

国語辞典に収録されていても、共通語彙以外は、職業の種類や趣味の違い、地域差などによって、使われたり使われなかったりするから、個人レヴェルの日本語は、それぞれに異なっている。したがって、「日本語は〜」という議論では、どういう日本語をさしているのかを、まず、明確に規定しておく必要がある。

以上のことを頭に置いて、つぎの一文を読んでみよう。

○現状では、カタカナ語が増えていっても、漢語は現代日本語の語彙の重要な部分を担っています。例えば、法律の用語。「未必の

故意」などという言葉は誰しも難しいと思うけれど、ヤマトコトバでは単語としていえない。まして英語の willful negligence といっても社会一般に通用しないでしょう。だから、ある範囲の漢語は必要です。それがきちっと理解できるか、また、漢語がきちっと使えるかということがやはり今日の問題です。

[『日本語練習帳』岩波書店・1999]

「未必の故意」(これは単語ではない)のような概念を和語では表わせないし、もとの英語をカタカナ語として使っても社会的に通用しない。だから、こういう必要な漢語は、正確に理解して使いこなせなければならない、という趣旨である。

「故意」はわかるが、「未必」の意味を漢字の字面から推定することは不可能である。しかし、これは、法律家以外の人たちにとって覚える必要のない専門用語である。「誰しもむずかしいと思うけれど」の「誰しも」には、法律家以外は、という条件が付く。

「未必の故意」という語が、犯罪関連の新聞記事やテレビのニュースなどに稀に出てくることは事実であるが、そういう場合には、必ず簡潔な解説が加えられる。それは、読者や視聴者がこの語の意味を知らないことを前提にしているからである。庶民の立場としては、このような専門用語をきちっと理解していなくても、誰かが死んでもかまわないという気持ちで、農薬を井戸に捨てたりしてはならないという最低の社会道徳を守っていればそれでよい。

専門用語は厳密な定義のもとに使用されるから、常識で理解できない場合が多い。その意味では、「未必の故意」でも「ウイルフル・ネグリジェンス」でも五十歩百歩である。「未必の故意」を「故意の不注意」とでも改訳するような手入れを全面的に施すなら、庶民にとっ

2　借用語間のバランス

て法律がもう少し身近にはなるかもしれないが、漢語には、漢字の字面を見て理解できたと思い込む危険な副作用もある。平易に見える漢語には思わぬ落とし穴がある（→202）。生兵法は大怪我のもと、という戒めを忘れるべきではない。

　蛇足を加えるなら、上引の一文は、引き合いに出した語も適切でなかったが、「練習帳」としては表現を洗練する必要があるというのが筆者の印象である。

2.15　漢文の時代から英語の時代へ

　明治期を中心に、西洋の概念を翻訳した漢語が続々と生み出された。それらのなかには、現在、日常的に使用されている語もあるが、もとの言語でふつうに使われている語が難解な漢語に翻訳されたものも少なくない。近年は、そういういかめしい漢語をカタカナ語に置き換える傾向が顕著である。

　哲学書を読んで「概念」という語を覚えたあとで、それがドイツ語 Begriff の訳語であり、英語の concept に当たることを知った経験のある人たちは、若者が「今度の企画はどんなコンセプトでいこうか」などと気軽に口にすると、わかりもしないくせに、と慨嘆する。しかし、若者は高尚な学問を経由したりせず、ふつうの英語を直輸入し、カタカナ語として使用しているだけである。着想、発想、アイデアなど、コンセプトと部分的に意味の重なる漢語やカタカナ語もあるが、どれをとってもシックリしないからであろう。「範疇」とカテゴリーとの関係などもそれと同じである。ドイツ語を覚えて哲学の原書を読んだら、よくわかったので拍子抜けしたという話もある。筆者自身、少年時代に背伸びをして読んだジョン・ロックの『人間悟性論』（岩

波文庫)の「人間悟性」が human understanding の翻訳であることを
あとで知って、腹が立つ思いをした経験がある。

　漢語からカタカナ語への移行が進行していることには、それなりの
理由がある。

　そのひとつは、翻訳によって作られた漢語が難しすぎることである。
ほかにもっと適切な用語がない間は使わざるをえなかったが、英語に
少し親しんでみると、難しい漢語と同じ意味のやさしい英語があるこ
とに気がついてくる。それをカタカナ語にしてほかの人たちにつうじ
るなら、わかりやすいほうを選ぶのは当然である。共通語彙のひとつ
として使うわけでなければ、ある範囲の人たちに理解できるだけでよ
い。英語教育が普及してからの世代を相手にするとしたら、それより
古い世代の人たちにつうじなくてもやむをえない。自分もその仲間に
入りたければ、<u>日本語で言え</u>、と居丈高に叫ばずに、新しい日本語を
身につけるように心がけるべきである。

　漢語は漢字を組み合わせて構成され、<u>視覚的に識別されることを基
本としている</u>ために、聴覚的な識別可能性が無視されるので、同音異
義語が多くなりがちなのは当然である。このような結果になったのは、
中国語の豊富な音が漢語では大幅に統合され、アクセントも単純化さ
れたことに原因がある。辞書を概観してみれば、同音異義の漢語の多
さに驚かされる。文脈や場面に支えられるので、その割には衝突を生
じないにしても、化学／科学、基準／規準、術語／述語、相対的／総
体的、民族学／民俗学、機能する／帰納する、などのように、話し手
の意図と違った意味に理解されると致命的になりかねないセットも少
なくない。

　郵便局で、亡母のハラコセキを取り寄せるように指示された。カン

を働かせて原戸籍だと判断した。現戸籍と区別する役所コトバなのであろう。化学をバケガクとよぶたぐいである。みすみす混同されることがわかっているのに、あるいは、混同が頻発しているのに、漢字の字面をそのままにして読みかたを替えるのは、視覚が主(しゅ)で聴覚は従という観念が沁みついているからである。バイシュンの相手の行為をカイシュンとよび、条例まで作る。ちなみに、中国語で「売」と「買」とはアクセントの違いで明確に区別されている。

　昔話になるが、1945年8月15日の正午、天皇陛下の玉音(ぎょくおん)放送があるというので、みんなラジオの前に集まり、緊張して謹聴したが、終わった後、ある人は、戦争をやめると言ったのだと主張し、ある人は、本土決戦だからしっかり戦えという激励だったと反駁した。正直な人は、神様のコトバなのでわからなかったと告白した。混乱の原因は、文字で読んでもふつうの人には理解しにくい、難解な漢語だらけの長い文語文を棒読みしたことにあった。以下にその一節を引用する。

〇ソモソモ　チンワ　テイコクシンミンノ　コーネーオハカリ　バンポーキョーエーノラクオ　トモニスルワ　コーソコーソーノイハンニシテ　チンノ　ケンケンオカザルトコロ

　　抑々朕ハ帝國臣民ノ康寧ヲ圖リ萬那共榮ノ樂ヲ偕ニスルハ皇祖皇宗ノ遺範ニシテ朕ノ拳々措カザル所

2.16　雇用のソーシツ

　時事問題の討論番組で「コヨウノソーシツ」が話題になった。耳慣れない言いかたであるが、「雇用の喪失」、すなわち、「失業」のことだと思って聞いていたが、話がおかしいので、「雇用の創出」だと気がついた。

「失」はシツ、「出」はシュツであるから、筆者の聞き違いだと片付けられてしまいそうである。しかし、複数の人たちの口で繰り返された語形を、日本語話者である筆者が、そのたびに他の語形と聞き違えたとは思えない。

自分は「創出」をソーシュツと発音すると信じて疑わない読者が多いであろうが、それは、規範的な仮名表記が頭にこびりついているからである。

力まずに<u>ふつう</u>に口にしてみれば、「創出」も「喪失」も、まったく同じか、ほとんど同じ発音になる。実際には、いつもトケーと言っていながら、トケイと言っていると思い込んでいるようなものである。

「出」の字を単独に読めばシュツである。しかし、どういう結び付きでもシュツと発音するとは限らない。

(1)　「出発」、「出店」、「出頭」など、無声子音 [p]、[t]、[k] が後接する結合では末尾が促音化するが、シュが<u>シ</u>にはならない。

(2)　「出土」(：湿度)、「出獄」、「出没」、「出入」など、有声音が後接する結合では、拗音の印象が弱く、いくらかぞんざいに発音すると、シツになりやすい。

(3)　「輸出」、「露出」、「流出」、「創出」、など、「出」が漢語の後部成素になる結合では、そのつもりで気をつけて発音しないとユシツ、ロシツと聞き取られる。

ユシツ、ロシツと聞こえないようにユシュツ、ロシュツと言おうとすると、ギコチナイ感じになる。日本語話者がギコチナク感じるのは、日本語の自然な語形ではないからである。「輸出」、「露出」の自然な語形はユシツ、ロシツであり、ユシュツ、ロシュツは、〈正しすぎる語形 (hypercorrect form)〉である。「<u>熟</u>睡」はジュクスイであるが、

「成熟」はセージクになる。「新宿(しんじゅく)」、「原宿(はらじゅく)」、「三宿(みしゅく)」などを振り仮名どおりに発音する人は、東京の生活になじんでいない。

　「雇用のソーシツ」を反射的に「喪失」と聞き取るのは、「雇用」との結び付きで、「喪失」が、事実上、すぐに思い浮かぶ唯一の語だからである。「創出」は、使用頻度がきわめて低く、文字を確認しないと意味のわからない漢語のひとつなので選択の圏外にある。

　「出張(でば)る」を「出張(しゅっちょう)」に、「物騒がし」を「物騒」にしたのと同じように、ツクリダスを「作出(さくしゅつ)」にし、その「作」を、ツクルの一類で、もっとインパクトの大きい「創」に置き換えたのが「創出」である。漢字を操作して創出された漢語であるから、耳で聞いて意味を捉えにくいのは当然である。

　漢字を見ないと意味を理解できない漢語よりも、「クリエイトする」と言えば、いったん「喪失」と理解したうえで、ハテナと考え直したりする手間を省くことができる。

　使いこなせる漢語語彙の量と質とは、個人個人の過去における学習量や学習内容、読書経験などに応じてさまざまである。

　野球のフォアボール、デッドボールが、新聞に「四球」、「死球」と印刷されている。字数が節約できて、しかも、一目でわかるからである。事実上、紙面専用の用語であるから問題は生じない。「創出」も一目でわかるが、口頭言語に持ち込むと誤解のもとになる。ただし、繰り返し使われたら決り文句になるから、「雇用の喪失」と言ったつもりでも、「雇用の創出」と聞き取られることになる。

　文献時代の初期には、きわめて限られた権力階級の人たちしか漢語を使いこなせなかったが、しだいに識字層が広がり、『源氏物語』や『枕草子』に代表される仮名文学作品が書かれた11世紀初頭には、そ

れらの作品の主たる享受者であった宮廷の女房たちも、相当数の漢語を理解できるようになっていた（→207）。ただし、かなりの量の漢語語彙を大衆が共有するようになったのは、義務教育制度が確立されてからのことである。

2.17 外来語からカタカナ語へ

カタカナ語についても、前節に述べた漢語の場合と同じような経緯がある。

16世紀末以降、ポルトガル語、スペイン語、オランダ語と、順次に接触し、それぞれの言語から、日本社会になかった事物の名称が借用されたが、抽象的概念を表わす名詞や動詞などは借用されていない。

古代の中国語の場合がそうであったように、19世紀から20世紀初頭にかけて、英語やドイツ語、フランス語などを理解できたのは、ごく一部の人たちに限られていたが、多少ともエリートに属する子女の入学した旧制の中等学校で英語が課せられたことによって、新たな事物の名称や、モダンな印象の英語が借用された。

旧制高等学校では英語以外にドイツ語、フランス語の教育に力が注がれ、特にドイツ語からの借用語が学生語として多く使用された。英語よりも一段とヨーロッパ文化の香りが高い言語を学ぶ特権意識を満足させる隠語として使用されたものであるから、優越感を満足させるだけの、シャン（美人、schön＝beautiful）メッチェン（娘、Mätchen）、フラウ（女性、奥さん Frau）のたぐいが多かった。

第2次世界大戦中、英語は敵性言語として教育から排除されたが、ドイツ語は同盟国の言語であった。戦争終結後、学生たちは働きながら学業を続けざるをえなくなり、その仕事を彼等はアルバイトとよん

2 借用語間のバランス

だ。ドイツ語の Arbeit は、英語の work と同じように、いろいろの仕事、作業、労働などをさす語であるが、日本語のアルバイトは、仕事の内容が狭く絞られ、しかも、副業に限られている。

　日本人の多くは、ドイツ語から硬い印象を受け、フランス語からは香り高く柔らかな印象を受ける。言語そのものに硬軟の違いがあるかのように感じてしまうのは、偏見を含めた、それぞれの文化に対する評価を投影した錯覚である。象徴的に言えば、ドイツ語には「独逸語」がふさわしく、フランス語には「ふらんす語」がふさわしいという感じである。あちこちに見かける「えすぽわある」（希望）とか「しゃのわーる」（黒猫）とかいう喫茶店の看板は、そういう感覚を端的に反映している。

　流麗な曲線を連ねた、美的表現のための仮名と、直線的でボツボツと書く実用的な片仮名との使い分けの伝統は、現在でも確実に生きている。英語からの借用語に片仮名がふさわしいと感じる理由も、その伝統に根ざしている。

　大戦が終結したのを境にして、ドイツ語の時代から英語の時代に移行し、ドイツ語からの借用語は、登山関係の用語などを除いて、ほとんど姿を消したが、アルバイトは、省略形のバイトとともに確実に定着して、〈～する人〉を意味する英語の接尾辞を添えたアルバイターを派生し、さらに、学生や主婦ではない、その意味で自由な専業アルバイターを意味するフリーター（＜フリーアルバイター）まで生み出している。従事する仕事は同じであっても、「自由労働者」とよべば、不安定で惨めな生活を想像させるのに対して、フリーターとよべば、束縛されない気ままな生活を想像させる。そういうところに、漢語とカタカナ語との相違が表われている。

2.18 漢語の漢字ばなれ

「世間のヒンシュクを買う」、「ユーウツな毎日」、「ワイセツ図書」、「ハレンチ行為」などという書き取り問題を出されたら、筆者は悲惨な点しか取れない。必要があれば覚えるが、そういう漢語を書けなくても、社会生活に不都合を感じたことはない。そんな学力で、よくも、日本語学や日本語史を担当できたものだと、呆れ果てる読者もいそうであるが、数学の教授がソロバンや暗算の達人である必要がないのと同じことである。

趣味としてならともかく、「顰蹙」、「憂鬱」、「猥褻」などを漢字で書けるかどうかをモノサシにして、学力や教養を測られてはたまらない。パソコンのキーを叩けば瞬時に出てくるが、もはや、どんな漢語でも漢字で書く時代ではない。

漢字で書けないコトバや、漢字で書かないコトバは平仮名で書くというのが、学校で教える方式であるが、その方式は現実の運用に適していない。

「このはれんちな行為は」などと書いたのでは、読み取りに手間がかかって能率が悪い。片仮名で、「このハレンチな行為は」と書けば、語の境界を即座に見分けられる。その語を知ってさえいれば片仮名で書いても理解できるし、ことばを知らなければ漢字を見ても意味がわからない。

テレビの画面に「少女ら致事件」と表記されるのは、常用漢字表に「拉」がないからである。しかし、漢字表の枠を忠実に守るのは、書く側の都合だけであって、書くことの目的は、読まれるため、読ませるためであるという基本が忘れられている。視聴者の側は、いったん「少女ら」と切ったうえで、あとが続かないから、読み直さなければ

2　借用語間のバランス

ならない。漢字表に「拉」を追加するのも一策ではあるが、片仮名でラチと書くほうが現実的な解決である。キドナップ（＜kidnap）などというカタカナ語の出番ではない。

　文章のなかの「ら致」をひとつの語として反射的に捉えないのは、「拉致」がひとまとまりであって、「拉＋致」とは理解していないからである。「少女ら致事件」と表記すれば、「少女ら」と読むが、「少女ラチ事件」ならラチがひとまとまりで目に入る。「波立つる璃色の海」などと書いたりしたら読む人の迷惑になる。

　「顰蹙」を切り離したら、「顰」も「蹙」も、意味不明の奇妙な漢字でしかない。それぞれの文字を独立には使わないから、ヒンシュクで不可分の１語である。

　ふたつの漢字の意味の和として理解できない漢語や、ふたつの漢字が不可分に結び付いて使われる漢語では、個々の漢字が表語文字としては機能していない。表語文字とは、ひとつの文字がひとつの語を、すなわち、その語形と意味とを表わす文字である。

　表意機能も表音機能も担わなくなった漢字は記憶の負担が大きいだけである。しかし、漢字とは別にその語は生きているから、ヒンシュク、ユーウツ、ハレンチ、ラチ、ルリ、ヒスイ、サンゴなどは、片仮名で書けばよい。それらは、漢語から離れて、日本語の語彙を構成するもうひとつのグループを形成しつつある。

　「醬油」はアブラではないから、「醬」の意味だけが生きていたが、店頭や広告には「正油」が多くなっている。見かけは漢語であるが、「正」も「油」も表音文字として機能している。画数の少ない文字の組み合わせが視覚的に捉えやすいために普及したのであろう。便利ならみんなが使うという好例のひとつである。

携帯電話が普及して、「携帯」という略称が生まれた。固定電話と区別するための名称であったが、「携帯」と言えば電話だけをさすようになった。「携帯電話」という名称は、むしろ、古めかしい命名であったが、「携帯」と略称されて漢字を離れ、ケータイになって、新しいグループに転籍した。

2.19　デッドロック

　古来、特定の漢字の用法が正しいかどうかを決める基準は、中国で編纂された字書類であった。そのために、中国で編纂された字書を、目的に合わせて日本で編纂しなおした字書も、平安初期以後、いくつか作られている。

　中国語から借用されて日本語に組み入れられた漢語は、字書というパイプで後世まで親元とつながっていた。四書五経などの典籍も共有していた。現在でも、新しい年号を決める場合や、皇族に子女が誕生した場合などには、当然のように、古代中国の由緒ある古典から字句を取って命名される。

　一方では中国の規範と直結していながら、必要に応じて必要なだけ新しい漢語が日本で作り出された。なかには、中国におけるその文字の用法に合わないものも少なくなかったが、直輸入の漢語であっても日本で作られた漢語であっても、大切な条件は、日本語社会で間違いなく意味がつうじることであった。

　カタカナ語は、太いパイプでアメリカ英語とつながっているが、漢語の場合と同じように、必要に応じて造語力を発揮し、新しいカタカナ語を作り出す。レヴェルアップ、ヴァージョンアップ、ランクアップなどのように、〜を上げる、という、日本語の語順に従がった造語

2 借用語間のバランス

類型までできているから英語としてつうじないものが多くなるのは当然であるが、カタカナ語になれば日本語であるから、日本語として間違いなく意味がつうじればそれでよい。

「労使交渉がデッドロックに乗り上げた」とは、交渉が行き詰まった、ニッチもサッチもいかなくなった、暗礁に乗り上げた、という意味であるが、そういう無知、無学な言いかたはしたくないという人もいる。なぜなら、英語のdeadlockとは、破損したり錆びついたりして開かなくなった錠(じょう)に由来する語だからである。乗り上げた舟が動かなくなるロック（＜rock）は、ロッククライミングやオンザロックなどと同じく、英語では岩をさす語である。

こういう取り違えが生じた原因は、日本語話者がエルとアールとを区別できないからだということで、簡単に説明がついてしまいそうである。しかし、既成の常識ですべてを割り切らずに、それぞれの事例について、検討してみることが、事の本質に迫る道である。

「暗礁に乗り上げる」という成句はあるが、ほとんどの人には「暗礁」の具体的なイメージが浮かばない。そもそも、見えないからこそ暗礁である。環礁や珊瑚礁などもあるが、「礁」の意味は、はっきりしない。そこで英語のdeadlockが登場する。

英語の場合、壊れた錠なら2語のdead lockであるが、「行き詰まり」を意味するdeadlockは単語であり、ひとまとまりのアクセントで発音される。

カギとは、もともと、鉤形(かぎがた)に曲げた金属の細い棒、すなわち、原始的なキーのことである。日本語ではカギでカギを開ける。すなわち、keyとlockとを通常は言い分けない。ふつうにカギと言えば、keyであって、lockをさす場合には「錠前(じょうまえ)」とか「錠」とか、古めかし

い語が使われてきた。「行き詰まり」を意味する「デッドロック」が日本語に導入された時期には、錠前をさすロックという語がなかったので、ロックと言えば岩のことであった。dead が接頭辞になれば「死」と理解されるから、デッドロックは「死の岩」であり、「暗礁」の暗いイメージにマッチしている。辞書によると、英語では「暗礁」を rock とか sunken rock（沈んでいる岩）とか言うようである。

このように跡づけてみれば、「暗礁に乗り上げる」が「デッドロックに乗り上げる」と言い換えられたことには、それなりの筋道がある。この表現の意味を日本語話者が誤りなく理解できるなら、英語と無関係に、りっぱな日本語である。

2.20　２／２のモデル

○A社は、向う２年間に6,000人規模のリストラを行なう計画であると発表した。

リストラとは、テレビジョンをテレビと言うのと同じように、リストラクチュアリング（restructuring）の後半を切り捨てた語形である。英語の接頭辞 re- は〈再〉を意味するが、カタカナ語のリストラは不可分の意味単位であるから、英語の接頭辞は抽出されない。

日本語話者は、リストラを反射的にリス／トラと分割する。意味のない４音節語の場合でも、スラトリはスラ／トリに、トリラスはトリ／ラスになる。公式化すれば、〘４→２／２〙である。電話をテレ／フォンと切るのはこのモデルで分割するからである。tele（遠）と phone（音）とに分割するわけではないから、テレビのテレとは意味が結び付かない。

５音節語になると、一律の分割モデルはない。テレビジョンからテ

2 借用語間のバランス

レビが切り取られたのは、それ以前に普及していたラジオに引かれた可能性が考えられる。

〖4→2／2〗という分割モデルが現代日本語の運用にとってどのような意味があるか、そのモデルはどのようにして形成されたかについて、さしあたり、考えついた仮説を以下に記しておきたい。

文献時代以前に、日本語の名詞は単音節語が主であったが、膨張する語彙を無理なく収容して運用できるように、2音節語中心に移行した（→107）。

新しい語の多くは複合名詞として形成された。もっとも大きな比率を占めたのは、〖2音節名詞＋2音節名詞〗という構成の4音節名詞であった。語構成意識が透明なら、それらは、〖4→2／2〗として把握された。

和語の複合名詞にそういうモデルが形成されつつあった時期に、漢語が大量に日本語の語彙に組み込まれた。

中国語は、すべての語が原則として単音節であり、単音節語どうしで意味を識別するために、音節構造がきわめて複雑であった。それに比べると、日本語の音節構造ははるかに単純であったから、中国語の単音節を2音節に再構成し、二字一組を典型にした熟語を基本とする漢語が形成された。そのために、漢語の語形もまた、和語の複合語と同じ〖2／2〗のモデルで定着した。

和語も漢語も〖2／2〗という基本構成の4音節名詞が高い比率を占めるようになったために、それを裏返した〖4→2／2〗という分割モデルも潜在的に定着した。後世になって日本語に組み込まれたカタカナ語にも、既成の日本語のモデルが当てはめられた、という筋道が見えてくる。

以上はひとつの展望を示したにすぎないから、検証が必要である。電算処理による検証は不得意なので、類例について次節で検討してみよう。

2.21　ハショリ型、ツギハギ型

　リストラのように、長い語の最初の4音節を切り取った事例としては、スーパー（スーパー・マーケット）、コンビニ（コンヴィニエンス・ストア）などが代表格であろうが、数は少ない。マスコミ（マス・コミュニケーション）、マスプロ（マス・プロダクション）、カーナビ（カー・ナヴィゲータ）などは、この型ともみなせそうであるが、ひとまず、判断を保留する。

　いくらでもあげられるのは、ワープロ（ワード・プロセッサ）、パソコン（パーソナル・コンピュータ）のような〘●●○○・●●○○→●●●●〙（○はn≧1）という方式の省略形である。リストラやテレビのような省略方式を「ハショリ型」とよぶとすれば、これらは「ツギハギ型」である。

　山田源太郎商店を山源商店と略称する■□・■□□→■■の方式は2／2のツギハギ型であり、そういう略称の慣習が、カタカナ語のツギハギ型の基盤になっていると考えてよさそうである。

　どちらの型も、〘2／2〙という分割モデルになっている点で共通している。判断を保留したマスコミなど3例は、マスやカーが2音節であるために、ハショリ型かツギハギ型か判然としないが、いずれにしても〘2／2〙型であるから、無理に分類することはない。

　デジカメ（デジタル・カメラ）、ゼネコン（ゼネラル・コンストラクタ）、メルマガ（メール・マガジン）、ジーパン（ジーンズ・パンツ）などのほか、

2　借用語間のバランス

メルトモ（メール友だち）、カイパン（海水パンツ）など、カタカナ語と、和語や漢語との組み合わせも作られている。コスプレ（コスチューム・プレー？）、テレクラ（テレフォン・クラブ）など、怪しげな世界にはツギハギ型が横行しているようにみえる。街で見かけても、ツギハギ以前の語形を推定しにくい事例が少なくないのは、関わっている人たちの符牒的専門用語だからであろう。

　〖２／２〗に整えるために、しばしば、音節が操作されている。
(1)　長母音の短音音化……パソコン、メルトモ、メルマガ、カラオケ、コスプレ、ミニスカ
(2)　拗音の直音化…………マスコミ、ゼネコン

なかでも、注目に値するのは(1)である。日本語では、トル：トールのように長母音と短母音とで意味が識別されると説明されているが、ツギハギ型の実例についてみると、ワープロは長母音を生かしているが、パソコンは長母音を短母音に縮めている。

　概説書の「長音」の説明を見てみよう。
○長音は「母(かあ)さん」など、[a] の後では [a]、「兄(にい)さん」など [i] の後では [i] というように、音声学的には異なる実現を持つが、音韻論的には直前の母音を引きのばす音と解釈される。これは /:/ で記すのが普通である。　［概説書「撥音・促音・長音」］

カアサンは〖カア＝カ＋母音ア〗になり、カーサンは〖カー＝カ＋長音ー〗になるから、トリックに引っかかるが、ローマ字で kā と書いたら、どうにも説明がつかなくなる。これは、視覚的に捏ね上げたカタカナ音韻論である。伊坂淳一は、つぎのように指摘している。

○幸か不幸か、日本語には仮名という便利な文字があるために、文字イコール発音、という誤まった先入観が生じやすい環境にある。

[『ここからはじまる日本語学』ひつじ書房・1997]

そもそも、どこにも切れ目のない長母音を前後に分断して、前の半分は音節の母音であり、後ろの半分は独立の音素であるなどという説明が成り立つはずはない。

専門辞書の「長音」の項には、最初に、つぎの定義が示されている。
○ふたつのモーラに相当する単音節の全体、あるいはその引きのばされた1モーラ相当の母音の部分。(略)

[国語学会編『国語学大辞典』・東京堂出版・1980]

「モーラ」は、韻律の単位である。手拍子を打つと、「ヤマ」はふたつになり、「サクラ」、「キレー」、「キット」はみっつになる。それがモーラの数である。

前半の説明はこれでよいとして、後半の説明は上引の概説書とさして変わりがない。「あるいは」を挟んだ二つの定義は矛盾している。ただし、音韻論は飛躍的に進歩し、変貌を遂げているから、1980年の解説を問題にしても始まらない。

このような説明は無視することにして、日本語話者の健全な言語感覚で、現代日本語における母音の長短を捉えてみよう。

国語学では、促音、撥音、長音を一括してモーラ音素とか、特殊音節などとよんでいる。それ自体でひとつのモーラを形成する点で共通しているという認定である。日本語の音韻論では、これらがいつも3点セットで並べられるが、実のところ、長音というのは、かなりアヤフヤな単位である。

「人形」はニンギョーで、「人魚」はニンギョである。母音の長短で意味が識別されている。しかし、「お人形」では末尾音節の長短が曖昧になり、「お人形さん」は、オニンギョサンがふつうの語形である。

2 借用語間のバランス

友だちの家の前で、近所の子が、「ひかるチャン、ア・ソ・ボ」と声をかける。「あとでね」と言うと、こんどは、「アソボーーヨ」とボを何モーラ分も延ばす。この部分は伸縮自在である。「カラスといっしょに帰りましょ」という童謡もある。メロディーの関係で末尾が長く延ばされるが、歌でなければ、カエリマショである。しかし、オバサンと言われて平然としている女性でも、オバーサンと言われたら逆上しかねない。概説書などには、日本語に長母音と短母音との対立があることになっているが、こういう事例から明らかなように、実際には、もう少し細かい条件がある。

日本語が長母音と短母音との違いで意味を区別するようになったのは、17世紀以降のことであり、それ以前には、その場に応じて伸縮自在であった。現代語でも、「ナガイ（行列）」のガの母音などは、状態を生き生きと表現する場合、どれほど長くでも延ばすことができる。

パーソナル（コンピュータ）のパーをパに縮めてパソコンにしたりするのは、いかにも乱暴のようであるが、同じくパーであっても、パーソナルのパーは、パール（真珠）のパーのようには長く発音しないのがふつうである。オバサンとオバーサンとの違いは、意味が直接に関わっているから、一次的には音韻論の問題ではない。

つぎに、(2)拗音の直音化について、見てみよう。

マス・コミュニケーションをマスコミュではなくマスコミにしてしまったのは、語末の拗音が日本語の語音結合則になじまないからであろう。この位置のミュを日本語話者は自然な口調で発音しにくい。

労働組合がゼネスト（general strike）を計画し、占領軍司令部の命令で中止させられたことがある。その当時は、まだカタカナ語が少なく、generalはゼネラルで借用されていた。ゼネコンという語をよく

耳にするようになった1990年代にはジェネラルがふつうになっていたが、ジェネコンではなくゼネコンになったのは、ツギハギ型の略称が英語と直結したカタカナ語ではなく、伝統的な日本語の音韻体系と、語音結合則とに従って形成されるからであろう。

　以上、カタカナ語の省略形について概観したが、〖2／2〗の伝統的モデルに基づくツギハギ型の定着に筆者は着目したい。なぜなら、それは、視覚に大きく依存する漢語の足枷をはずした、新しい熟語の誕生を意味するからである。

　パソコンとは、ああいうモノをさす語であるし、もとの英語を知らなくても、コンビニは便利に利用できる。それらの背後に、もはや漢字の影はない。逆に言えば、支えてくれる漢字がない。これは、まさに、石川九楊によって指摘された二重言語（→201）からの脱却であり、言語としての日本語の再生である。ただし、この動きは行き過ぎの是正であって、漢語の長所が捨てられることはありえない。

2.22　ロックする、チェックする

　ここまでは名詞を中心に検討してきたが、動詞や形容詞にもカタカナ語が少なからず進出している。

　前々節では、カギをキーとロックとに言い分けるようになったことを指摘した。それは、カギをかけない生活からカギをかける生活に移行したことの反映である。

　外出するときには玄関のカギをかけるが、寝るまえには、玄関のカギをどうすればよいであろうか。カケルでも、スルでもつうじるが、カケルはキーを使う感じがするし、スルもピンとこない。シメルなら素直にわかる。

2　借用語間のバランス

いろいろの言いかたがあるが、どれも、「カギを」と付けないと落ち着かない。しかし、「ロックする」なら、キーを使う場合も使わない場合もカヴァーできる。

「ロックする」は「施錠する」と言い換えることができる。しかし、仰々(ぎょうぎょう)しさには目をつぶるとしても、金属性のフックやラッチを動かす簡単な方式のカギにはシックリしない。まして、ファイルやチャンネルを施錠するとは言えない。

火元をチェックする、印刷ミスをチェックする、英語の文章を英語話者にチェックしてもらう、発車時刻をチェックする、などという表現は、すでに定着している。

これまでの日本語なら、確認する、点検する、検査するなど、さまざまに言い換えなければならなかったが、どの場合も「チェックする」ひとつで間に合ってしまう。場面や文脈が与えられていれば誤解は生じない。たいへん運用効率がよいから、急速に普及したのは当然である。「チェックする」で置き換えられたのは、ほとんど漢語の動詞であることに注目したい。

「難しいボールをキャッチした」、「NHKの放送をキャッチした」、「路地で客引きにキャッチされそうになった」など、「キャッチする」もふつうになっている。

ボールを「捕球する」、「捕捉する」は大げさである。「NHKの放送をキャッチした」は、受信の難しい電波を捉えたことであるから、日本国内でのことではない。「客引きにキャッチされる」とは、コトバ巧みに店に連れ込まれることである。これらの「キャッチする」をひとつの和語や漢語で置き換えることはできない。

「猫が小鳥をキャッチした」と言わないのは、飛んでくる小鳥を上

手に受け止めたわけではないからである。「キャッチする」は日本語の動詞であって、英語の動詞 catch の訳語そのものではない。

地下鉄の乗車券を買うことを「ゲットする」とは言わない。ゲットする対象になる切符は、入手困難な試合やコンサートなどのティケットである。「ゲットする」で置き換えられるのは、和語「手に入れる」ではなく、漢語「獲得する」の意味領域に属している。

中国語には活用がなく、ひとつの語が名詞として機能するか、動詞として機能するかは語順で決定される。漢語を語幹に見立てて動詞スを後接させる方式は、おそらく、中国語が大量に借用された上代に始まっている。『古事記』、『日本書紀』の歌謡や『万葉集』などの、日本語を表音的に記した部分は、ほとんどすべてが韻文であるから、原則として漢語が排除されている。そのために上代の書記テクストに証拠を求めるのは不可能であるが、仏典を平安初期に訓読したテクストには、その方式がふつうに使用されている。

「チェックする」、「キャッチする」、「ゲットする」などは、どれも、《漢語＋動詞スル》という結合をもつ漢語動詞の、語幹に相当する漢語をカタカナ語で置き換えた言いかたであることに注目したい。それらは、《借用語＋動詞スル》という式で一般化することができる。

「豪華・ナ／ニ」、「華麗・ナ／ニ」は「ゴージャス・ナ／ニ」に対応する。「優美ナ／ニ」は「エレガント・ナ／ニ」に対応する。「繊細・ナ／ニ」には「デリケート・ナ／ニ」が対応する。漢語とカタカナ語との違いがあるだけで《借用語＋ナ／ニ》という式で一般化できるから、借用語相互間の置き換えである。

美的表現では微妙な含みが大切にされるので、漢語をカタカナ語で単純に置き換えるのではなく、それぞれの持ち味を生かして共存する

2 借用語間のバランス

傾向が顕著である。たとえば、「クールな性格」、「シャイな女性」のように、適切に対応する漢語をもたないカタカナ語も少なくない。このことは、『源氏物語』の「優なり」、「艶なり」、「興あり」などを連想させる。時代を隔てても原理は同じである。

　漢語からカタカナ語への置き換えが生じているのは、漢字を見ないと、あるいは、漢字を見ても、意味がわからない漢語よりも、生きている英語から借用した、わかりやすいカタカナ語のほうが使いやすいからである。

　「手紙をライトします」、「新聞をリードする」、「パンをイートしよう」、「家にカムバックしたい」などと言えば意味はつうじるが、だれもそうは言わないし、今後とも、広まることはないであろう。わかりやすく、使いやすい和語をカタカナ語で置き換える理由はないからである。なんでもカタカナ語にしてしまうのが現今の風潮だというのは、感情を先行させた批判であって、事実を正しく捉えていない。

　行く、来る、取る、立つ、というたぐいの中核動詞は漢語と共存しつづけてきたし、カタカナ語に座を譲ることもありえない。和語には和語の大切な役割がある。

　情報伝達の媒体として機能する言語にとって大切なのは効率的に運用できることである。この節で例示した動詞の場合、漢語はカタカナ語との生存競争に敗れたことになる。

　漢語と和語との二つのグループでバランスを取ってきた日本語に、カタカナ語が大量に取り入れられた結果、現在は、和語、漢語、カタカナ語による、新たなバランスが模索されている。それぞれのグループの長所を生かすことによって、日本語が、さらに運用しやすい言語になるであろうことは経験則が約束している。

3
言語変化を説明する
怪しげな説明から合理的説明へ

3.00　言語変化

　日本語は、個々の項目の単純な集合ではなく、それぞれの項目は体系のなかに位置づけられて機能しているから、どこの部分にどんな変化が生じても、体系全体が組み替えられる。すなわち、あらゆる言語変化は日本語の体系を更新する。

　日本語が日本語社会における情報伝達の媒体としてどのように機能しているかを解明するためには過去の日本語に生じた多様な変化のそれぞれについて、どうして、その時期に、その変化が生じたのかを解明し、また、その変化が、体系の運用効率にどのような影響を及ぼしたかを査定することによって、言語変化のメカニズムを、因果律に基づいて説明する必要がある。変化の過程を追い、その結果を確認するだけでは歴史とよぶに値しない。

　日本語が乱れているとか、崩壊しつつあるとか、美しい日本語を守ろうとか、まるで、日本語が実体として外界に存在しているかのような前提で議論がなされている。しかし、言語は音響であるから発話された瞬間に消滅する。言語を捉えることができるのは、発話された瞬間、聞き取られた瞬間だけである。

3 言語変化を説明する　怪しげな説明から合理的説明へ

言語に実体がないとしたら、言語変化とよばれる現象は、実体としての言語に変化が生じることではなく、その言語を情報伝達の媒体として生活する共同体のメンバーが、すなわち、言語共同体 (speech community) を構成する人たちが、徐々に、それまでと違った言いかたをするようになることである。したがって、現に進行しつつある日本語の変化には日本語話者の全員が積極的に関わっている（→02）。

3.01　唇音退化

過去の日本語に生じた注目すべき出来事としてよく知られているのは、ハ行子音の変化である。以下、これを例にして、言語変化をどのように捉えるべきかについて考えてみよう。

よく知られているこの変化を改めて検討の対象とするのは、この変化についてのこれまでの共通理解が浅薄きわまるものであることを明らかにし、そのように浅薄な説明が堂々と通用してきた原因を探り、言語変化をどのように捉えれば、その本質に迫ることができるかを考えてみたいからである。

> ○(略) 上代の発音のあり方を、子音の方からながめて見よう。全体的にみて現代語の発音との間に、どうやらそれほど大きなくい違いはなく、(略) やはり言葉はあまり変化するものではない、ということが認められそうなのだが、その中でただ一つ、ハ行子音だけは、今とは全く違った発音であったことが知られている。
> ［概説書「唇音退化」］

「やはり言葉はあまり変化するものではない」というような認識は、専門の研究者としても、概説書の著者としても根底から改める必要がある。子音だけについてみるとそのような印象を受けることがありう

ると仮定しても、それを「言葉は」として一般化することが許されるはずはない。それだけでなく、すでに明らかにされている事柄についてひととおりの知識を持ち合わせていれば、「その中でただ一つ、ハ行子音だけは」などという説明は出てくるはずがない。

　子音に生じた変化のうち、顕著なものをみっつだけあげておこう。
(1)　平安初期におけるサ行子音の発音について複数の可能性が提示されているが、そのうちのどれであったかは十分に解明されていない。いずれにせよ、現代語のサ行子音（複数）と、かなり違っていたことは確実である。
(2)　ザ行子音にも前項と同じ問題が残されている。そのうえ、16世紀には、一部がダ行子音と合流しているという事実がある。この変化は「四つ仮名の混同」とよばれ、国語史の重要なトピックのひとつとされている。その時期まではズとヅ、ジとヂとが発音の違いで区別されていたから、「三日月」は「みかづき」か「みかずき」か、「鼻血」は「はなじ」か「はなぢ」かという仮名遣いの問題はなかった。（注）
(3)　タ行子音、ダ行子音は、15世紀前後まで、どの母音の前でも[t]、[d]であったと推定されている。[ta、ti、tu、te、to]、[da、di、du、de、do]。

ハ行子音については、どうであろうか。

現代語のハハ[haha]（母）に相当する語形は文献時代のある時期までファファ[ΦaΦa]と発音されており、さらに遡ればパパ[papa]と発音されていた。すなわち、ハの音節にはpa＞Φa＞haという2段階の変化が生じたとされている。

もっと大切なのは、ひとつの音の変化によって、音韻体系がどのよ

3 言語変化を説明する 怪しげな説明から合理的説明へ

うに組み替えられ、運用効率にどのような影響を与えたかに注目することである。

具体的証拠がないので直接には証明できないが、多くの状況証拠を総合すると、パパ＞ファファという変化が生じたことは確実である。ただし、その変化が、文献時代以前であるか、それ以後であるかについては、研究者の意見が一致していない。

英語や中国語では父親がパパなのに、そして、現在では日本でも父親をパパとよぶ人が多いのに、古代日本語では母親がパパであったという意外な事実は、現代の日本語話者にとって十分におもしろい話題である。ただし、たいていの人たちは、それをおもしろい知識として受け入れて、受け売りするだけで、それがどこまで信頼できる情報なのだろうとは疑わない。まして、その知識がどういう役に立つかなどとは考えてもみない。残念なことに、少なからぬ研究者までが、たいていの人たちに含まれている。

古代の日本語話者のコトバが録音されて残っているわけでもないのに、いったい、どういう根拠に基づいて、いちばん古い段階ではパパと発音されていたとか、いつの時期にはファファになっていたとか、責任をもってそういうことが言えるのであろうか。また、そういう変化が起こったことは確実であるとしても、なぜ、パパがファファになり、さらに、ハハになったりしたのであろうか。ハハは一連の変化の終着点であって、これ以上、ほかの発音に変化することはないのであろうか。

パの子音 [p] は両唇を閉じるが、ファの子音 [Φ] は両唇の合わせかたがそれよりもゆるい。ハの子音 [h] は唇をまったく使わない。したがって、これを、発音の労力を減らすことによって生じた変化と

みなすのが、現在の確立された共通理解である。上引の概説書には、「この変化は流れとして、唇音性が次第に弱くなって行く流れ、と見られよう」という説明がある。すなわち、唇音退化である。

【注】 四つ仮名の混同……専門的な話題なので、詳しくふれることは控えておくが、それまで保たれてきた日本語の音韻体系の対称性がこの変化によって破綻したことは大きな問題である。音韻論の常識に反するようなこの変化が現に生じている以上、体系の破綻ともいうべきこの変化をどのように説明すべきかは、日本語という個別言語を超えた課題である。しかし、これまでは、「四つ仮名の混同」という前近代的な捉えかたを踏襲してきたために、この変化について、そういう視点からは研究されていないようにみえる。

3.02 唇音退化についての疑問

従来の国語史研究の目的は、おおむね、つぎの3点を解明することにあった。

(1) 特定の言語事象が、いつごろ、どのような状態にあったか。
(2) いつごろ、日本語にどういう変化が生じたか。
(3) いつの時期に日本語はどういう状態にあったか。

要するに、①なにがどうであったか、②なにがどうなったか、を明らかにすることであって、どうして？　という疑問が欠如していた。すなわち、つぎのような問題が設定されていなかった。

(4) どうして、その時期に、そういう変化が生じたのか？
(5) その変化がもたらした結果は、日本語の体系をどのように組み替え、体系の運用効率にどのような影響を与えたか？

国語史研究には、それぞれの時期の日本語を体系として捉えようと

いう考えかたが欠如していた。(注)

　変化の事実を指摘するだけで原因や理由を解明しようとしない国語史研究のなかで、たとえ前節末に紹介した程度ではあっても、ハ行子音が変化した理由を発音労力の軽減として説明していることは珍しい例外である。しかし、はたして、そういう説明が成り立つかどうかと検討してみると、つぎのように疑問が続出して、とうてい受け入れることができない。

(a)　発音の労力をこれほど減らしても伝達に支障がないとしたら、最初の段階から、発音の容易な [h] であったら変化を起こす必要がなかったはずではないか。

(b)　発音の労力を減らすのに、どうして、千数百年もかかったのであろうか。

(c)　せっかく発音の労力を減らして、[p] を [h] にまで変化させたはずなのに、どうして、現代語には [p] がたくさん使われているのであろうか（→104）。

(d)　イッパイ、サッパリなどの [p] は、発音の労力を軽減することができるであろうか。

(e)　唇音退化によって [p] が [Φ] になり、さらに [h] にまで変化したのに、どうして、無声音 [p] に対応する有声音 [b] が摩擦音 [β] に変化せず、現代語にも [b] のままで残っているのであろうか。現代語で、カバウ、アブナイ、など、母音に挟まれたバ行子音は [β] で実現される（→109）。

(f)　「行かむ」の [mu] が [u] に変化して「行かう」になったのも、発音の労力を軽減した唇音退化とみなすべきなのか。これと同じ変化は、どうして、ごく一部の結合にしか生じていないのか。

このような疑問はたくさんあるが、ほかは省略する。

【注】 <u>体系への配慮の欠如</u>……通時言語学は体系に関わらないというソシュールの立場が、体系を考慮しないことへの免罪符になったことが十分に考えられる。そのことについては、つぎに予定している小著で取り上げたい。

3.03 発音労力の軽減、発音のナマケ

両唇を合わせるぐらいのことに、扉を閉めるような労力を必要とするわけではない。<u>パ</u>、<u>ハ</u>と続けて発音してみればわかるとおり、両唇は閉じているのが自然な状態であるから、どちらかと言えば、閉じている口を開く分だけ<u>ハ</u>のほうが多くの労力を必要とするぐらいである。もとより、これも、労力などと大げさな言いかたをするほどのことではない。

パパ、ママ、ババなどの親族名称は、日本語に限らず、乳児が唇を使ってそういう音を出しているのを、そばにいる両親や祖母などが、自分たちに結び付けてしまっただけである。その事実からも明らかなように、乳児にとって、両唇を使う破裂音や鼻音はいちばん発音しやすい音である。

発音労力の軽減については、つぎのように説明されている。

○以上述べたハ行音の音変化、すなはち、大体に於て、Fからhへ移ったのは、つまり、唇の運動がゆるくなり、不活撥になった結果である。 [橋本進吉『国語音韻史』所収、「国語音韻史の研究」(昭和2年度)・岩波書店・1966]

 ＊Fは、ファの子音を表わす日本式の発音符号。現在はあまり使用されない。国際音声字母は [Φ]。

3　言語変化を説明する　怪しげな説明から合理的説明へ

○談話における発音では、理想的調音よりゆるんだ怠けた状態が許容されることになる。そのようにしても情報伝達に影響がないからである（注）。　［概説書「ゆるんだ発音」］

閉じた両唇を呼気が破って出る音（両唇破裂音）から、緩く閉じた両唇を呼気がこすって出る音（両唇摩擦音）に変化したのは、発音の労力を軽減した結果であると考えたりするのは、それぞれの言語変化が体系全体の組み替えであることを認識していないからである。

唇音退化が発音労力の軽減であるとか、発音のナマケ、ユルミなどによるとかいう説明が支配的であるなかで、そのような理由づけをまともな説明とみなしていない研究者もいることを、付言しておかなければならない。

○［P］→［F］→［h］という変化は何故起ったのかについて従来説をとなえる人がないが、私はこれが日本人の顎の骨の後退という骨格の年代的変化と密接な関係があるのだろうと考えている。

[『日本語をさかのぼる』岩波新書・1974]

命名するなら、これは下顎骨後退説である。発掘された人骨を調べると、日本人の下顎が、時代を下るにつれて小さくなり、下後方にさがってきているために出っ歯やそっ歯が多くなり、唇音が発音しにくくなったのだという解釈である。

この新しい解釈に国語史の研究者は積極的関心を示さなかったようであるが、他の領域の研究者たちが注目してテレビの教育番組などにも取り上げられた。

この考えに、いくつかの難点があることを、他の機会に指摘したことがあるので繰り返さないが、そのひとつとして、ここには、現代語に唇音が豊富に使用されている事実を指摘するにとどめておく。この

解釈も、どのように聞こえるかという視点に立っていない。

【注】 <u>談話</u>……○談話という用語は、discourse の訳語として使用される。簡略に定義すれば、緊密なまとまりをもつ複数の文の集合、という意味である。○定義さえ明確なら、口頭言語の場合にはこの訳語でもかまわないが、本書のように書記テクストを多く扱う場合には違和感が大きいので、本書ではディスコースとよぶことにする。○言語学でこのような用語が使用されるようになると、国語学の研究者は、その定義を確認せずに、漢語として把握し、見慣れない漢語ならふたつの漢字の意味の和と理解して使用する傾向が顕著であるために混乱を生じる場合が多い。この引用における「談話」もその一例である。ここは、くつろいだ環境で話される場合には、というような表現に改めるべきである。ただし、類書と比較すれば、この概説書に、そういう取り違えの用語はさほど目に付かない。

3.04　怪しげな説明

言語史の専門書や概説書には、つぎのような説明がみえる。

○言語学を専門としない人たちの間で、発音の変化の原因として、おそらく、いちばんふつうに言及されるのは、モノグサ (laziness) である。世界の諸言語に見いだされるさまざまの変化について、それは怪しげな (dubious) 説明である。ただし、弱化 (lenition, weakening) とよばれる一群の変化にだけは、それが適切な説明であるようにみえる。(筆者仮訳) [HOCK, Hans Heinrich (1991): *Principles of Historical Linguistics*. 2nd ed. Morton de Gruyter]

○　弱化 (lenition)……(a)音声学で、調音の弱めをさす。対義語である強化 (fortition) と同様、定義に問題をかかえる概念 (筆者仮訳)。　[SIHLER, Andrew L. (2000): *Language History*. John Benjamin]

3 言語変化を説明する　怪しげな説明から合理的説明へ

　退化とは、人体で言えば、尾がなくなったとか、不要になった盲腸が痕跡的に残存しているとか、そういう現象をさす語であるから、この場合は退化より弱化という名称のほうが適切であるが、上引のように、この用語について、HockとSihlerとの見解は一致していない。ただし、Hockの言う弱化とは、日本語の場合で言えば、ナキテ(鳴)＞ナイテのような変化であって（→404）、ハ行子音の変化をナマケ、モノグサとみなすのは、言語学を専門としない人たちによる「怪しげな説明」に当たる。

　○主要な外国語の子音のあり方との、目立つ違いに一言ふれるなら、ヨーロッパ諸語に普通ある歯唇音（[f] [v]）が無いなど総じて唇音の使用が少ないこと、(略) 西洋で発達している読唇術（発音を聞かずに口の動きだけを見て言葉を読みとる技術）は日本では発達しにくい。唇音が少なくて手がかりが少ないからである。（注1）（注2）　［概説書（日本語概説）「清音と濁音」］

　○現代日本語に唇音が乏しい、と言われるのは (略)、この唇音退化の結果に他ならない。　［概説書「唇音退化」］

　上引のふたつの概説書は、同一著者の執筆であり、この部分については、後者から前者が参照されている。

　「総じて唇音の使用が少ないことが、主要な外国語（注2）の子音のあり方との目立つ違いである」とか、「現代日本語に唇音が乏しい」とかいうのは、明白な事実誤認である。「〜と言われる」と記されているが、その根拠を筆者は知らないし、明らかに事実に反している。唇音退化が生じたのだから現代日本語には唇音が乏しいはずだという決め込みがあるようにみえるが、唇音退化によって日本語から姿を消したはずの [p] は、現在、インフォーマルな文体に使用される副詞

(キッパリ)や、活写語(パチパチ／ピカピカ)、漢語の後部成素(出発、北方)、カタカナ語(ペン)などに、豊富に使用されている。また、先に指摘したように、[b]や[m]も両唇音である。

唇音退化について、つぎのように説明している概説書もある。

○こうした現象は、一旦、唇や舌などの調音器官の運動の体系がその均衡をくずすと、今度はその体系調整によって、自律的に変化の方向を定めるのでしょう。[「言語変化とその要因」]

ドミノ理論的解釈である。「こうした現象」のさす範囲は不明であるが、音韻変化に限るとしても、言語変化が自律的に進行するはずはない。人間が変化させなければ言語は変化しない(→02)。このように浅薄な理解で「日本語史」を説くべきではない。

【注1】 読唇術……この用語は、事実上、すでに使用されていない。「西洋で発達している読唇術」という表現は、西洋？の言語では読唇術が実用性をもつかのように読み取れるが、そういう事実はないようである。百科事典の「口話法」の項などを参照。

【注2】 主要な外国語……○言語研究の立場からは、どの言語も同じように大切であるから、主要なというランクづけはありえない。日本語は日本語話者にとってかけがえのない言語であるが、言語としては他の諸言語と同列にある。○ヨーロッパ地域の諸言語を「ヨーロッパ語」として一括し、共通の特徴を指摘したりすることも粗雑に過ぎる。伝統的国語学に課せられた急務は、こういう前近代的体質からの脱皮である。○筆者は、「ヨーロッパ語」というコトバが出てくる論文や著書を信用しないように、以前から学生諸君にアドヴァイスしてきた。そのアドヴァイスは正しかったと現在も考えている。

3 言語変化を説明する　怪しげな説明から合理的説明へ

3.05　専門用語のトリック

　唇音退化などというイカメシイ用語で説明されると、それが、あらゆる言語に生じる必然的変化であるかのように印象づけられやすい。delabialization という英語を示されたりすれば説得力は倍増する。

　発音の労力を軽減するという理由づけは、いかにも理にかなっているようにみえる。しかし、なるほどと納得するまえに、パン、ファン、ハン、と口にして観察すれば、唇の使いかたはそれぞれに違っていても、その順で発音が楽になったりしないことに気づくはずである。

　誤まった思い込みの原因は、実際の発音を観察せずに、そして、発音のメカニズムを理解せずに、こういう説明が頭のなかで捏ねまわされていることにある。

　非唇音化（唇音退化）という用語は確かにあるが、その逆の唇音化 (labialization) という用語もある。前引の弱化についての説明には強化 (fortition) という用語も使用されている (Sihler)。言語変化に関する用語として、そういう対義のセットがたくさん用意されていることを知れば、専門用語信仰は自然に失われるであろう。

　この種の用語は、すでに生じた変化についての命名であって、その変化の必然性を示唆したり、変化の原因を説明したりするものではないことを銘記すべきである。

　<u>情報の伝達にとって大切なのは、話し手が発音しやすいことではなく、聞き手が確実に聞き取れることである。</u>

3.06　母と狒々

　高校生の90％は自分の母親をオカーサンとよぶことに違和感を感じないという。調査のしかたによってこの数字は動くにしても、変化の

方向は明らかである。

　やさしい計算問題の正答率が10%だったら事態は深刻であるが、この場合については、オカーサンとハハとの使い分けがほとんど失われているという事実を理解しておけばよい。自分の母親はハハとよぶのが正しい日本語だと信じている人たちは、正しいことばづかいを教育すべきだと考えるが、ハハとオカーサンとの使い分けが失われたのは、日本語が、以下に述べるように、そのような使い分けをしない方向に進んでいるからである。使い分けのメリットが失われれば、それまでメリットの陰に隠れていたデメリットが表に出る。

　この場合もオカアサンという言いかただけが狙い撃ちされているが、一つの語だけを切り離して正誤を論じてみても、正しい結論は得られない。なぜなら、日本語を構成するすべての要素は、それぞれ、体系のなかに位置づけられているからである。

　近年まで、「オ靴が汚れています」はアナタの靴であり、「靴が汚れています」はワタシの靴であった。現在、それをはっきり使い分けているのは、主に上層階級の女性たちである。ただし、部分的になら、まだ、かなり広く残っている。

　これは平安時代と同じ方式の使い分けであるが、そのシステムが崩れてきて、接頭辞オは丁寧な言いかたに多く使われるようになってきた。「お茶が飲みたい」と言われても、だれのお茶かとは考えない。それを始めたのは14世紀、御所などに仕える女房たちであった。いわゆる女房詞である。つぎに、そのいくつかを示す。このほかの型もあるが、ここではふれない。

　　イシイ（美味）→オイシイ　シメシ（湿）→オシメ　ムツキ→オムツ
　　カブラ→オカブ（→カブ）　ナスビ→オナス（→ナス）

3 言語変化を説明する 怪しげな説明から合理的説明へ

ハラ〈腹〉→オナカ　モテアソビ〈玩〉→オモチャ

　彼女たちの隠語が上層の女性に広がり、一般社会にも使われるようになった。接頭辞オを付けて末尾を省略する型が多かったが、一般社会に広がると、名詞にオを付ける丁寧な言いかたになった。

　英語なら、my, our, your, his, her, their などを付けて区別するが、日本語は、①自分の側に属する名詞はそのままで、②相手や高く待遇する人物の側に属する名詞には接頭辞オを付ける方式であった。自分の飼い猫を「うへにさぶらふ御猫は」[枕草子]とは言わなかった。

　ハハとオカーサンとの使い分けも、この方式に基づいていたが、接頭辞オの機能が変わったために、この区別もハッキリしなくなり、現在は、場面でどちらであるかわかればオカーサンでよいし、はっきりしなければ、ワタシノ、アナタノ、彼女ノ、などを付けるという新方式に切り替わりつつある。

　ふざけて言えば、文句があるなら御所の女房たちに言ってくれ、ということになるが、日本語史の観点から捉えるなら、女房たちが接頭辞オをそのように使い始めたこと自体、そして、それが一般社会に広まったのも、この接頭辞の用法が丁寧な言いかたに変わりつつあったからである。

　オカーサンで大切な問題に引っかかったが、ハハという語形に話題をもどそう。

　気がつきにくいことであるが、ハハというのはかなり聞き取りにくい語形であるから、相手にはっきり聞こえるように、注意して発音する必要がある。「そこにパパがいるよ」、「そこにハハがいます」、と口に出して比べてみれば、その違いがはっきりわかる。ふつうに発音すると、自分ではハハガといったつもりでも、相手には、ハアガ、ハー

ガとしか聞こえない。これが前述のデメリットである。

　ハハガはよく聞こえないが、ヒヒガ（狒々、マントヒヒなど）なら、はっきり聞き取れる。[Φi] から [hi] に変化したヒが、すぐに現代語のような、きしんだ子音のヒ [çi] に変化したのは、[hi] では聞き取りにくかったためである。

　参考のために指摘しておくならば、英語の light, tight などの gh は読まない約束になっているが、これらの h は、聞こえが悪いために脱落し、スペリングにそれが残ったものであるし、rough, tough（ラフ、タフ）などの gh が [f] になっているのは、聞こえの悪い [h] が [f] に置き換えられた結果である。[Φ] と [f] との違いはあるが、日本語のいわゆる唇音退化と逆方向を取っていることに注目したい。まさか、この変化を労力の浪費とは説明できないであろう。フランス語のように、[h] を捨てた言語もある。

　日本語のハ行子音にも、どういう運命が待っているかはわからない。断言できるのは、それが障害になって伝達に支障をきたすような事態には決してならないということである。

　カフォ（顔）がカヲ [kawo] になったようにフォフォ（頬）もフォヲになったが、その後、ファワがファファを経てハハになったのと同じ理由で（→次節）ホホに移行する方向をとった。しかし、これもまた聞き取りにくいので、語形が安定していない。「頬紅」は、ホホベニも、ホーベニも、厄介な語形である。

　こういう運用上の条件を考慮せずに、一群の子音について、発音の労力を観念的に比較したりすることはナンセンスである。

　怪しげな俗説が大手を振って通用していることに、あるいは、みずからもその俗説に尾鰭（おひれ）を付けて通用させていることに、専門家の肩書

をもつ人たちは責任を感じるべきである。専門領域の研究者には、質の高い情報を社会に提供する義務があると筆者は考えている。

3.07　ファファ、ファワ、ファファ、ハハ

　パパがファファになり、さらにハハになったという筋書きには、途中のステップがひとつ省略されている。それは、ファファがハハに移行する以前に、ファワという語形があったことである。

　11世紀ごろ、語頭以外のハ行子音［Φ］は［w］に変化した。その結果、ファファはファワになった。

　ポルトガルから来航したイエズス会の宣教師たちによって編纂された天草版『平家物語』(1592年) では最初に出てくる1例だけが fafa となっており、そのあとに出てくる27例は、chichi　faua（父母）や fauagoje（母御前）などを含めて、faua である。

　天草版『エソポの寓話集』(1593年) では18例がすべて faua と記されていて、ファファは使われていない。

　『日葡辞書』(1603年) という訳名で知られる辞書では、日本語にポルトガル語で説明が加えられているが、Faua の項に「または fafa」と記されているだけで、Fafa という項目はない。他の項目の説明に使用されている語形も一貫してファワである。

　以上を総合すると、この時期にファファという語形もあるにはあったが、きわめて劣勢であった<u>ようにみえる</u>。

　『平家物語』も『エソポの寓話集』も宣教師用に編纂された日本語学習書であるから、宣教師が話すのにふさわしい、京都の上品なコトバで叙述されている。『日葡辞書』もそういうきれいなコトバが中心であるから、当時における庶民の口頭言語を忠実に反映しているわけ

ではない。

　まず、日本語と日本の歴史とを『平家物語』で学習し、つぎに、説教に応用できる『エソポの寓話集』に進むように編纂されているので、前者では、日常的に使用されているコトバなら、規範に合わなくても無視しない方針がとられている。『平家物語』で、最初の1例だけをfafaにしてあるのは、ファワだけでなく、どちらかと言えば庶民層に多いファファという語形を使っても宣教師の品位に関わらないことを示すためであったと考えられる。

　書記テクストを日本語の資料とする場合には、このように、そのテクストがどういう目的で作られたかを見きわめてかかる必要がある（『日本語書記史原論』）。

　16世紀末から17世紀初頭の語形がファワであったとすれば、ファワ＞ハワという変化を生じるのが自然である。そうだとすれば、現代語の語形は、ハハでなく、ハワになっているのが順当である。

　現代語の語形がハハであることから逆算するなら、そのもとになった語形はファファでなければならない。換言するなら、16世紀末の庶民の口頭言語でファファが主流であったからこそ、ファファ＞ハハという変化が生じたはずだということになる。

　ここで大切なことを確認しておこう。

　<u>一般に、辞書の目的はコトバの規範を示すことであるから、庶民階級の口頭語や新しい語形は排除されがちである。辞書で冷たく扱われている語形は、すでに社会に広がっており、つぎの世代の語形になることが多い。</u>

　現行の国語辞典で「ちょうちょう」（蝶々）の項を引いてみると、(a)「→ちょう（蝶）」、(b)「ちょう（蝶）」、(c)「〈ちょう〉の口語形」のよう

に扱われており、「ちょう」の項に解説が記されている。「ちょうちょ」は「ちょうちょう」よりも、さらに冷たく扱われている。

　以上の事実は、『日葡辞書』におけるファワ優先の扱いが、現実をどのように反映しているかを推察するうえで有力な手掛かりになる。すなわち、そのなぞらえで言うなら、ファワはチョウに対応する語形であり、ファファはチョウチョウ／チョウチョに対応する語形であったとみなしてよいであろう。正確に言い直すなら、ファワは端正な語形であり、ファファは口頭言語におけるふつうの語形であった。

　そうなると、つぎの問題は、どういう経緯でふたつの語形に分裂したかである。

　ワ行子音［w］は接近音である。すなわち、両唇は接近するが、［β］と違って摩擦を生じない音である。

　11世紀ごろ、語頭以外のハ行音節がいっせいにワ行音節に変化した。

　このように、同じ条件にある特定の音Ａが、他の音Ｂに例外なく変化することを体系的変化という。それに対して、ひとつの語だけに生じる変化を個別変化という。

　この体系的変化によって、ファファもファワに変化したと考えてよいであろう。変化したと断言できないのは、その当時の直接の証拠がきわめて乏しいからである。

　使用頻度の高い語の仮名表記は、仮名の綴りが固定するので、ファファがファワに変化しても、その変化が仮名表記に敏感には反映されていない。書記文献にとどめられた表記は、その後も、ほとんど「はは／ハハ」のままであり、「ハワ」は稀にしか出てこない。ただし、稀にでも出てくることは、ファワという語形が実際に使用されていたことの証拠である。

説明を必要とするのは、体系的変化に合わせて、いったんファファからファワに変化したのに、どうして、その語形のままで落ち着かず、再び、ファファに戻ったのかである。

　体系的変化は、外形のうえで共通する条件をもつすべての語に無差別に生じるから、いったん生じたうえで、運用上の不都合があれば、個別に調整される。

　ファワが個別変化を起こしてファファになったとすれば、この語だけに固有の、なにか特別の事情があったからに相違ない。換言するなら、「母」の語形がファワであると、運用しにくい理由があったために、運用しやすいファファに移行したと考えるべきである。

　乳幼児にいちばん近い存在は、同音の繰り返しでよばれる傾向が顕著である。パパ、ママ、ジジ、ババなどの親族をはじめ、ブーブー、モーモー、ワンワンなど、この類型に属する幼児語はたくさんある。

　母親がパパやファファであった時期には幼児語の類型どおりの語形であったが、ファワに変化したことによって、この類型から逸脱した。それだけでなく、ファが両唇摩擦音であるのに対して、ワは接近音であるから、ふたつの子音の調音位置が近いだけに、正確にファワと発音するのは、いささか煩わしかった。

　煩わしかったとは、具体的に言えば、気をつけて言わないと、語頭のファに釣られてそのあとのワもファになり、ファファと聞き取られる語形になりやすかったということである。

　先行する音に釣られて後続する音がそれと同じ音やそれに近い音になることを順行同化という。ちなみに、これと反対の逆行同化もある。もしも、そういう変化を生じればワワになる。これも発音しやすい語形であるが、そうはならなかった。このように、不都合を解消するに

は、しばしば、複数の選択肢がある。

　順行同化を起こした、発音しやすいファファという語形こそ、親族名称の特徴であるところの、同じ音節の繰り返しであった。

　ファファが、いったんファワに変化したのに再びファファに戻ったのは、いかにも気まぐれのように見えるが、このように筋道をたどってみると、それは、起こるべくして起こった変化である。すなわち、親族名称の「母」を意味するファワという語形だったからこそ起こった変化であった。

　ファワをいくらかぞんざいに発音した語形を定着させたのが口頭言語のファファであったとしたら、きちんと発音されるファワが端正な語形としてそれと共存しつづけた理由も無理なく説明が可能である。そのことについては、この節の末尾に整理するが、次章の考察でふたつの語形の関係はいっそう明らかになる。

　個別変化が気まぐれに生じるわけではないことを、この事例に基づいて確認しておきたい。気まぐれな変化に見えるとしたら、それは、理由が突き止められていないということである。

　体系的変化によって、語頭以外のハ行子音がワ行子音にいっせいに移行した結果、一次和語では、ハ行音節が語頭だけに残された。そのために、ハ行音節は語頭であることを表示する機能を獲得した。すなわち、話線の途中にハ行音節が出てくれば、その音節は語頭であると識別できるようになった。

　この変化が生じたことによって、切れ目なく続く話線から語を取り出すことが、それまでよりも容易になった。

　伝統的な書記様式では、ファワもファファも区別なしに、「母、はゝ、ハゝ」と表記されているから、ハハとハワとがどのような関係

で共存していたかを確認することはできない。その意味で、ポルトガル語式のローマ字で日本語を表記したキリシタンの書記テクストは、計り知れない貴重な資料である。しかし、それはそれで落とし穴がある。すなわち、『平家物語』と『エソポの寓話集』とを合わせると、fafa が 1 例で、残りの 45 例は faua であるから、当時の京都方言ではファワが圧倒的に優勢であったと単純に理解したのでは、恩恵が裏目に出る。

我々が知りえたのは、次の事実である。
(1) 日本語学習書第 1 巻に相当する『平家物語』では、最初に、そして、最初だけに、fafa が出てきて、そのあとはすべて faua であること。
(2) 日本語学習書第 2 巻に相当する『エソポの寓話集』には、faua しか出てこないこと。
(3) 『日葡辞書』には Faua の項に、fafa という語形もあることが記されているが、Fafa は見出しに立てられていないこと。

以上の 3 点を総合するなら、導かれる帰結は、1700 年前後にはハワが上品な語形であり、ハハが庶民的な日常の語形であったということである。

【付記】 この節で取り上げた問題に関しては、下記の卓抜した先行論文がある。日本語史研究の頂点に位置づけられる論考のひとつである。

亀井孝「ハワからハハへ」(『亀井孝論文集』3・吉川弘文館・1984：原論文、1967)。

この節に述べた解釈と必ずしも一致しないが、筆者が提示したのは、もうひとつの考えかたであって、この論文の立場をいささかも否定していない。若い研究者のみなさんに熟読を勧めたい。

4

音便形の形成から廃用まで

4.00　俗説を駆逐して真実を探る

　前章で検討したことを振り返ってみよう。

　ハ行子音に、唇音退化とよばれている一連の変化が生じたことは確実であるが、その変化が生じた理由を、①「唇の運動がゆるくなり、不活撥になった結果である」とか、②「理想的調音よりゆるんだ怠けた状態が許容される」とか説明するのは、効率的伝達のために言語がどのように運用されているかを無視した、おざなりの解釈であることが明らかになった。

　そういう怪しげな説明がなされ、そのまま通用してきたのは、聞き手にそれがどのように聞こえるかという視点が完全に欠落していたためである。

　話す目的は、理解されるため、理解させるためであるから、もっとも大切なのは、話し手の意図したとおりに聞き手に理解されることである。その第一歩は、聞き手が正確に聞き取れるように話すことである。そういう自覚なしに、観念的に理屈を捏ねまわしてきたことを反省すべきである。

　同様の理由から、文字や書記に関する研究も、もっぱら、書く側の

立場だけで考えられ、末梢の追求に力が注がれてきたために、実りある成果が得られなかった。それが伝統的国語学の体質であった。しかし、近年になって、正しい軌道に乗った研究の動きが始動しつつあることは、体質改善の曙光として期待される。

　この章では音便とよばれている現象を中心に考える。

4.01　音便の枠付け

　「音便」という用語を知らない読者は、いないであろう。こんなおかしなコトバなのに、みんなオンベンではなくオンビンと読めるのは、学校で習ったからである。最初に問題にしたいのは、学校でどのように習ったかである。

　辞書を引いて復習してみよう。

　○国語学の用語。発音上の便宜から、もとの音と違った音に変る現象。「咲きて」が「咲いて」、「早く」が「早う」、「飛びて」が「飛んで」、「知りて」が「知って」になる類。一般に、イ音便・ウ音便・撥音便・促音便の四種がある。

[『広辞苑』第5版・岩波書店・1998]

　忘れていた読者も、これで思い出したであろう。「発音上の便宜」のために「咲きて」が「咲いて」になる現象、これが音便であった。

　中学生なら素直に受け入れるであろうが、改めて読み直してみれば、この定義はよくわからない。

　「ソンナラ、やめた」、のソンナラは、ソレナラが「発音上の便宜から、もとの音と違った音に変る現象」だから音便であろうか。音便だとすれば、ンに変っているから撥音便であろうか。

　コラレルのラを抜いてコレルと言うのが「発音上の便宜」であると

4 音便形の形成から廃用まで

したら、抜き音便とでも言うのであろうか。

 例示されているのは、動詞と形容詞との音便形だけであるし、学校でも動詞の活用のところで習ったはずであるから、この疑問は宙に浮いてしまう。

 辞書の解説には、知っている人にしかわからない説明が少なくない。これも、その典型のひとつのようにみえるが、この場合には、解説の執筆者や編集者も、ソンナラは撥音便か、という質問に、理由をきちんと説明して、イエスかノーか答えることができるとは思えない。

 トビテ、トリテが、発音上の便宜から、トンデ、トッテになるかどうか、はなはだ疑わしい。むしろ、どちらもトイテになるのが自然である。読者自身、実際に発音して確かめていただきたい。

 専門の辞典には、この用語が、つぎのように説明されている。
○「高キ→タカイ、取リテ→トッテ、蔵人(クラビト)→クラウド・クランド」
　など、発音の便宜によって起こる語中尾音節の結合的変化をいう。
　（略）　［『国語学大辞典』・1980］

やはり、「発音の便宜によって」と説明されているが、こちらには「蔵人」という名詞の例もあげられている。

 「語中尾」とは、国語史の用語で、語頭以外という意味である。「結合的変化」とは、形態と形態との結合によって生じる語形変化をさしているのであろう。

 クラウド、クランドという下線は、クラビトの「語中音節」のビがウになり、さらにンになったことを示している。しかし、ヒがビになったことや、「語尾音節」のトがドになったことは無視されている。この執筆者には、なにか思い込みがある。

 ハリとカネとが複合してハリガネになるような変化は、すなわち、

連濁とよばれている現象は、「発音の便宜」のための変化ではないと認定して除外し、また、クラヒトがクラウドになっていても、ドのほうは理由もなく除外して、残りを「音便」と認めている。

「語中尾音節」に生じる雑多な音変化を「音便」として一括し、しかも、思い込みのフィルタで無意識に選別したうえで、それらが、「発音の便宜によって起こる語中尾音節の結合的変化」であると規定したりすることにどういう意味があるのか筆者には理解できないし、読者にも理解してほしくない。

「発音の便宜によって」とは、すでにおなじみの唇音退化と同じように、ナマケ、モノグサという「怪しげな説明」(→304)であり、聞き手にどのように聞こえるかという視点が抜け落ちている。しかも、唇音退化よりも、はるかに曖昧に規定されている。

これでは、イチから出直すほかはない。

原理的な事柄を確認してかかる必要があるので、周りから徐々に固めてゆくことになるが、読者に理解してほしいのは、どのような変化にも、それぞれに<u>積極的な</u>意味があるということである。

4.02 音便という名称

「発音の便宜」という説明には、つぎのようなウラがある。

本居宣長は、『漢字三音考』(1785) で「皇国ノ声音」のすばらしさを、つぎのように賛美している。

○殊ニ人ノ声音言語ノ正シク美(メデタ)キコト。亦夐ニ万国ニ優テ。其音晴朗トキヨクアザヤカニシテ（略）。又単直ニシテ迂曲(マガ)レル事無クシテ。真ニ天地ノ間ノ純正正雅ノ音也。［皇国ノ正音］

○皇国ノ古言ハ五十ノ音ヲ出ズ。是レ天地ノ純粋正雅ノ音ノミヲ用

4 音便形の形成から廃用まで

ヒテ。溷雑(コンザツ)不正ノ音ヲ厠(マジ)ヘザルガ故也。［皇国言語ノ事］

　音の数が50では濁音が余る計算になるが、つぎのような理屈でツジツマを合わせている。その認識を支えているのは五十音図である。

　○濁音ハタダ清音ノ変ニシテ。モトヨリ別ナル音ニハ非ル故ニ。皇国ノ正音ニハ。是ヲ別ニハ立テズ。［皇国ノ正音］

「凡テ濁ハ其中下ニノミアリ」［皇国ノ正音］と記されているから、活写語は無視されている。

　日本語の音は純粋正雅であったが、中国語からの借用語が浸透してくると、卑しい外国音に汚染されて、日本語の音がおかしくなり、その結果、音便を生じるようになったというのが彼の見解である。

　国学者として当然ながら、コチコチの国粋主義である。現今の国語学に国粋主義の色彩は希薄であろうが、こういう考えに貫かれた国学者の研究を忠実に継承していることは歴然たる事実である。本居宣長は現行の国文法の祖に当たる。

　上引の立場で説明しようとすれば、トリテ、トビテという「美(メデタ)キ」響きをもつ言いかたがあるのに、トッテ、トンデなどと溷雑な言いかたをするのは、発音の便宜のためにすぎず、トリテ、トビテという正しい言いかたは、一方で確実に守られている、とみなさざるをえなくなる。

　このように糸口をたどってみると、「発音の便宜」という、いかにも安易にみえる説明は、<u>皇国の音は純粋正雅である</u>という主張を合理化するための強引な解釈の結果である。これを、言語運用についての洞察が欠如していると批判してみても、議論はすれ違いになる。

4.03　予備的検討

　古代日本語に、濁音やラ行音で始まる語はなかった、ということが、日本語史の常識になっている。しかし、この語音結合則が当てはまるのは一次和語だけであって、活写語はその圏外にあった (→104)。

　中国語が大量に借用され、漢語の音韻体系と語音結合則とが形成された際に、漢語の語頭に濁音やラ行音を無理なく導入することができたのは、活写語がその供給源（リソース）となったからである。

　一次和語の音韻体系に拗音はなかったが、それも活写語のリソースから供給された。たとえば、和歌には首都がミヤコと詠まれているが、当時のふつうのよびかたは「京」であり、その語形は［kiaŋ］であった。末尾の鼻音がウに変化してキャウになったのは、平安末期ごろのようである。中世末には、一次和語にも拗音が取り入れられて、ケフ＞ケウ＞キョー（今日）のような変化を生じている。

　「源氏」は、平安末期までグエンジとよばれていた (→207)。

　「京」や「源氏」のような語は、仮名で書く習慣がなかったので、『古今和歌集』や『源氏物語』などの仮名文学作品でも漢字で記されている。誤解のないように確認しておくなら、そういう発音を仮名で写す方式がまだ発達していなかったために、やむをえず漢字で表記していたわけではなく、仮名文のテクストは、適宜に漢字を交えたほうが読み取りやすかったからである。そのことは、写本のテクストを読んでみればよくわかる。

　以上のようなことを念頭に置いて、音便の話題に入ろう。

　(a)パンを「焼いて（＜焼きて）いる」、「(b)パンを買ってきた」、(c)「パンを頼んで（＜頼みて）きた」の、下線を引いた部分は、それぞれ、(a)イ音便、(b)促音便、(c)撥音便とよばれている。

4 音便形の形成から廃用まで

　東京方言に基づく共通語では(b)がカッテになっているが、京都方言では(d)コーテになっている。カフィテから変化した語形としては、カッテよりもカウテ＞コーテのほうが自然に感じられる。京都方言は平安時代の仮名文学作品のことばの直系に当たる方言である。現代の発音はコーテであるが、「か<u>う</u>て」という古典仮名遣に基づいて、(d)ウ音便とよばれている。

　京都方言ではウ音便形が形容詞連用形にふつうに使用されている。東京方言で、「ハヨー起きろ」とは言わないが、「オハヨーございます」、「ヨロシューございます」、のように、丁寧な言いかたに取り入れられている。

　<u>音便形</u>が、<u>発音の便宜のための語形</u>であることは、学校で習うとよくわかる。なぜなら、黒板に sakite（咲）と書いて <u>k</u> を消して見せれば、発音が簡略化されていることは一目瞭然だからである。そこで催眠術にかけられてしまえば、torite の場合は、発音の便宜のために totte になることも、tobite の場合は、やはり、発音の便宜のために tonde になることも、すべて無理なく理解できてしまう。

　ローマ字で totte と書くのは仮名づかいと同じような、表記の約束事であって、[t] の音をふたつ続けて発音するわけではないし、トッテの小さな<u>ッ</u>だけを切り離して発音することもできない。そのことを、どうかすると先生も御存じない場合がある。

　先生が生徒を催眠術にかけるわけではない。教科書の編者が、また、そのもとの国語学や国語史の専門家が、すでに自己催眠にかかっている。催眠術のトリックは、ローマ字表記の捏ねまわしである。

4.04 スラーリングが新しい語形を生む

どんな場合でも、すべての語が丁寧に発音されるわけではない。文脈や場面に支えられれば、あちこちの音が不完全に発音されても、あるいは、あちこちの音が聞き取れなくても、情報の伝達に支障を生じないからである。コトバは、電話番号などと違って、ひとつ間違えばほかの相手につうじてしまうほど窮屈にはできていない。マラサキイロとかムラアキイロなどと聞こえても、修正できるだけのユトリをもっている。

書記テクストで遡ると、『新撰字鏡』（→109）（土部）の「堡」字に付された和訓「豆伊比地」や「塠」字に付された和訓「豆伊加支乃破處」などが、年代の確定できるものとしては、音便に関連する最古の事例である。

「豆伊比地」はツイヒヂ、「豆伊加支乃破處」は「ツイカキノ破処」である。「破処」は、破損した部分、崩れた部分という意味がわかればそれでよい。

『新撰字鏡』ではツイヒヂとツイカキとが別々の漢字の和訓に使い分けられているから、さす対象が違っていたのであろう。しかし、それから三十数年を経て編纂された辞書『和名類聚抄』（二十巻本・墻壁類）（→205）には、「築墻」の項に、「和名、都以加岐、一云、豆以比知」とあるから、その時期までに、どちらも、同じ対象をさすようになっていたらしい。

この語形変化には、つぎのような過程が想定される。

　　ツキ（築）＋ヒヂ（泥）　→　＊ツキヒヂ＞ツイヒヂ

　　ツキ（築）＋カキ（垣）　→　＊ツキカキ＞ツイカキ

もとになったはずの語形、ツキヒヂ、ツキカキは、どちらも文献上

4　音便形の形成から廃用まで

に見いだせない。こういう推定された語形には左上に＊印を付けて、文献による裏づけのある語形と区別する約束になっている。

　仮名文学作品にツイカキの用例はなく、つぎのように、ツイヒヂが使用されている。それと同義語になったツイカキは使用されなくなっていたのであろう。『枕草子』にみえるツイヂはツイヒヂがさらに縮約された語形である。用例から、泥を塗り固めた塀で、崩れやすかったことがわかる。

○密(みそ)かなる所なれば、門(かど)よりもえ入(い)らで、童(わらは)べの踏み開(あ)けたる<u>ついひぢ</u>の崩(くづ)れより通ひけり　［伊勢物語・5段］
　　＊高貴な女性のもとに、築泥の崩れた部分からこっそり忍び込んで通ったということ。

○柳もいたうしだりて、<u>ついひぢ</u>も障(さは)らねば、乱れ伏したり
　　　　　　　　　　　　　　　　　　　　　　　　［源氏物語・蓬生］
　　＊築泥がすっかり崩れてしまい、邪魔にならないので、しだれ柳が伸びほうだいになり、地面にグチャグチャになっているという描写。

○人にあなづらるるもの、<u>つひぢの崩れ</u>　［枕草子］
　　＊ヒヂ（泥）の意味が生きているので「つひち」と表記されている。「あなづらるる」は、侮られる、軽蔑(けいべつ)されるという意味。

　＊ツキガキ＞ツイカキを例にして、こういう語形変化がどうして生じたのか、その原因を考えてみよう。

　まず、泥を盛り上げて作った垣根が、〈築(つ)きたる垣〉、すなわち、＊ツキカキと命名された。築造する意味の動詞はツクであった。敵を防ぐために垣をめぐらした場所をキ（城）と言い、キを築造するという意味のキツクが1語化して連濁を生じ、キヅク（＞キズク）となった。

　そのように命名された当初は「築垣」という語構成意識が生きてい

147

て、明瞭にツキカキと発音されていたであろうが、やがて語構成意識が薄れ、ツキカキとはああいうモノだと捉えられるようになると、ひとまとまりに発音されて、音のトバシ (slurring) が起こりやすくなる。

「垣」の一種であるから、*ツキカキのカキは明瞭に発音される。したがって、どういう意味でもかまわない前部成素のツキにスラーリングが起こる。具体的には、ツキの末尾音節キの子音 [k] が、ほとんど、あるいは、まったく、聞こえない程度にまで弱化されて (→304)、話し手はツキカキと言っているつもりでもツイカキと聞き取られる発音になる。

イシガキ、タケガキなどの場合は、材質を表わす前部成素の意味が生きているから弱化が起こらないが、ツキカキのツキは材質ではない。分析可能な語形のままでは、材質と誤認される可能性が残る。むしろ、垣の一種であることがわかるだけのツイカキのほうが運用しやすかった。そのために、スラーリングとして生じやすいツイカキが標準語形になり、*ツキカキは失われた。

スラーリングは、運用の場で偶発的に起こる、ありふれた現象であるが、その語形に運用上のメリットがある場合には、新しい語形として定着する。

ツイカキは、確かに、*ツキカキよりも発音しやすい語形であった。しかし、その語形で定着したのは、「発音上の便宜」のためではなく、ツキの意味が消された語形のほうが運用するうえで便利だったからである。

音便の概念規定との関係で確認しておく必要があるのは、ツイカキが使われるようになると、*ツキカキは自然に失われたことである。自然に失われたとは、ツキカキと言っていた人たちは死ぬまでそう言

っていたとしても、数十年のうちに、その語形を使う人がいなくなったという意味である。

　日本語に生じた変化が年表にまとめられているが（『国語学大辞典』「国語年表」）、人間の寿命を考えれば、日本語に変化が始動してから完結するまで、すくなくとも数十年を要するのは当然であるから、特定の変化が生じた時期が20年や30年、あるいは、それ以上、前後に動いたところで、問題にするに及ばない。それよりも大切なのは、どのような条件のもとにその変化が生じたかである。

4.05　音便形の形成

　*ツキカキ、*ツキヒヂは、四段活用動詞連用形ツクの動名詞ツキが複合名詞の前部成素になったものである。

　*ツキカキ、*ツキヒヂは、ともに『四段活用動詞連用形の動名詞ツキ＋無声子音』という条件で、連用形の動名詞の語末音節にスラーリングを生じている。これらと同じ条件のもとに、ツキテ（付）→ツイテ、ツギテ（次）→ツイデ、ナキテ（鳴）→ナイテ、サキテ（咲／裂）／サシテ（指）→サイテなど、『四段活用動詞連用形＋テ／タリ』という結合にも同じスラーリングが生じ、それらの語形を定着させたのが、音便形の始まりである。

　ツキカキ、ツキヒヂ、ツイテなどから連想されるのはツイタチである。ツイタチが*ツキタチ（月立ち）に由来することは確実であるが、書記テクストに出てくる語形は最初からツイタチであり、*ツキタチは確認できない。

　月齢の初日が*ツキタチ（月立ち）とよばれ、月齢の一巡が暦の単位になって、その初日も*ツキタチとよばれたであろうことは十分に想

像できる。

　素朴な段階では月齢の初日がすなわち暦日の初日でもあったが、暦法が発達すると、暦日の初日が、天体の月が立つ日と一致するとは限らなくなり、前者に新たな名称が必要になった。そこで、スラーリングで生じやすいツイタチを定着させ、暦月の初日をツイタチとよぶようになった。

　証拠はなくても、この推定にはどこにも無理がない。前部成素は名詞であるが語形はツキであり、後部成素は無声子音で始まっている。

　*ツキタチ＞ツイタチと*ツキガキ＞ツイカキというふたつの変化の、どちらがどちらに誘導されたかは明らかでないが、証明を必要とする事柄でもない。いずれにせよ、それが、四段活用動詞に音便形が形成される導火線になったことは確実である。

　古典文法では、ツキテ（付）を〖動詞ツクの連用形ツキ＋接続助詞テ〗と分析する。しかし、きわめて古い時期にはそういう結合であったとしても、ツキのキにスラーリングが生じやすくなっていたことは、ツキテが、構文上、ひとまとまりで機能するようになっていたことを裏づけている。

　以上に検討した結果を要約すると、つぎのようになる。

　ツキカキ＞ツイカキ、ツキヒヂ＞ツイヒヂ、*スキガキ（透垣）＞スイガキ＞スイガイなどのように、偶発的なスラーリングで生じた語形が新しい語形として定着するようになると、ひとまとまりで機能していたツキテにも新しい語形ツイテが形成され、それが〖四段活用動詞連用形＋テ／タリ〗という結合一般に広がって四段活用動詞のイ音便形が形成された。

　以下には、ツイテ、トイテのように、テを添えて音便形を示す。

平安末期以後のアクセントはかなり詳細に判明しており、平安初期にも、ほぼ、それと同じであったと考えてよいが、問題の大筋を把握するために、以下には、アクセントの要因を除外して考える。

4.06　音便形の機能

　語形変化は新旧の交替であるから、*ツキガキはツイカキに移行し、*ツキタチはツイタチに移行して、もとの語形は失われた（→前々節）。しかし、イ音便の場合には、音便形ツイテが確立されたあとも、もとの語形ツキテがそのまま存続した。本居宣長が音便を発音の便宜による語形であると強引に位置づけた根拠も新旧の両語形が共存することであった（→402）。ともかく、これが、通常の語形変化でないことは確かである。

　『国語学大辞典』の解説には、音便の例として、「高い」、「とって」、「蔵人」があげられていたが、もとの語形との長期にわたる共存が音便であることの条件であるとしたら、「蔵人」は除外される。以下には、活用語の音便だけを検討の対象とする。

　もとの語形と、それをもとに形成された類似の語形とが長期にわたって共存している場合には、それらの語形は意味や含みの違いによって使い分けられていたと考えるべきである（→209）。

　ツキテとツイテとは、文体の違いによって使い分けられた。すなわち、フォーマルな文体には非音便形ツキテが使われ、ふつうの文体やインフォーマルな文体には音便形ツイテが使われた。逆から捉えるなら、ツキテはフォーマルな文体であることの指標として、また、ツイテはふつうの文体かインフォーマルな文体であることの指標として機能するようになった。

この機能は、運用上、たいへん便利であったから、すべての動詞が音便形をもつことが望ましかった。しかし、つぎのように、イ音便形を形成しにくい条件をもつ動詞があった。
(1)　「置きて」にはイ音便形オイテを形成できるが、「老いて」のイ音便形は形成できない。
(2)　カ変動詞「来」（＞来る）、サ変動詞「す」（＞する）は、どちらも使用頻度がきわめて高く、しかも、しばしば、同じような文脈で使用されるから、どちらのイ音便形もイテになることは許されなかった。
(3)　動詞「着る」、「煮る」、「似る」、「干る」などもイ音便形はイテになる。文脈の助けがあっても、同語形のイ音便形を共有する動詞が多くなりすぎて混乱のもとになるから、連用形が単音節の動詞には、末尾母音が［i］であってもイ音便形は形成できない。この条件は前項にも当てはまる。
(4)　「置きて」にオイテが形成されたのに、「起きて」には形成されていない。「起く」（＞起きる）、「生く」（＞生きる）、「落つ」（＞落ちる）、「恥づ」（＞恥じる）などにイ音便形が生じれば、それぞれ、オイテ、イイテ、オイテ、ハイテになる。これらの動詞にイ音便形が形成されれば相互識別が困難になることは必至であった。音便形は、もとの動詞に反射的に還元できることが不可欠の条件であるが、それらの音便形は四段活用動詞のイ音便形と同形になるので、混乱がさらに大きくなる。
　ウク（受）、ナガル（流）など、古典文法の下二段活用動詞に関しては、あとで検討する（→408）。それらの動詞には、やはり音便形を形成できなかったという結論だけをここに示しておく。

以上の検討から明らかなように、音便形が形成されるための条件は、スラーリングによって自然にその語形になりやすいこと以上に、体系全体の円滑な運用に支障を来たさないことであった。

　＊ツキガキ＞ツイカキ、＊ツキヒヂ＞ツイヒヂなどと外形上の条件を共有する四段活用動詞に音便形が最初に形成されたために、他の活用型に属する動詞には音便形が生じなかった。ただし、運用効率からみて、所属する動詞が際立って多い四段活用が音便形の形成に先取権を獲得したことは最善の選択であった。

4.07　音便形の整備

　＊ツキガキ＞ツイカキ、＊ツキタチ＞ツイタチという、スラーリングによる弱化を利用した語形変化から誘導されたために、四段活用動詞のうち、連用形語尾キの動詞群（例. ナキテ＞ナイテ）、シの動詞群（例. サシテ＞サイテ）、そして、ギの動詞群（例. ツギテ＞ツイデ）に音便形が形成されたのは自然の成り行きであった。しかし、四段活用であっても、そのほかの活用語尾をもつ動詞群にまで音便形を拡大することには大きな障害が控えていた。

　非音便形と音便形とを文体指標として使い分けることのメリットは捨てがたいものがあった（→前節）、しかし、四段活用動詞のすべてにそれと同じセットを形成したら、運用上の大きな妨げになることは確実であった。

　　トイテ……トキテ（解、説）、トリテ（取）、トビテ（飛）、トヒテ（問）
　　カイテ……カキテ（書、搔）、カミテ（嚙）、カヒテ（飼、買）カシテ（貸）

　カギテ［kaŋite］（嗅）の音便形は、ギ［ŋi］の鼻音の影響でテがデ

になるために、活用語尾がイであっても区別が可能であった。

　以上の理由から、イ音便形の形成は、連用形語尾キ、ギ、シの動詞に限られ、そのほかはイ音便から締め出された。

　克服しにくい障害に直面しても、必要があれば、言語は、なんらかの方法でその障害を乗り越える。それは言語史のもっとも大切な原理のひとつである。

　この場合の障害は、音便形の活用語尾をイ以外の音節に振り分けることによって解決された。比喩的に言うなら、いちばん座りやすい椅子に、すでに先客が座っていたが、どうしても椅子に座りたいので、あきらめずに、別の椅子を工面して座ったということである。

　トリテ（取）の活用語尾リを弱化すればトイテになるから、音声的にはそれがいちばん自然な音便形であるが、トイテでは、「説いて」、「解いて」の音便形と衝突する。イ以外の母音音節ア、ウ、エ、オでは、どれも不自然な語形になるので、活写語にあった促音（例.　サット）を導入して、音便形トッテが形成された。アリ（有）の連用形は四段活用と同じであるから、音便形アッテが形成された。

　モチテ（持）の音便形も、同じくモッテになった。連用形語尾リとチとのふたつなら、同音衝突による混乱は、事実上、生じなかった。これが促音便である。

　シヌ（死）、イヌ（往）には、活写語からンを導入して音便形シンデ、インデが形成された。それが撥音便である。

　カミテ（嚙）の音便形には、カミナヅキ（神ナ月）＞kamnaduki などの変化によって生じた音節子音 [m] が当てられた。連用形語尾の子音が同じく唇音のトビテ（飛）にも [m] が当てられた。命名すればム撥音便である。

4 音便形の形成から廃用まで

ム撥音便は、平安末期に撥音便に合流した。

どこにも座りそこねたオモヒテ（思）、ソヒテ（沿、添）など、連用形語尾ヒの動詞は、撥音便に割り込んだり、促音便に割り込んだりしたが、最後にウで落ち着いた。それがウ音便である。

これらの動詞の音便形が、現代の京都方言でウ音便を継承し、東京方言で促音便になっているのは、さ迷った末の落ち着き先が東西の方言で違ったためである。

以上を整理すると、つぎのようになる。

  イ音便……キ（ナイテ）、シ（サイテ）、ギ（カイデ）

  促音便……チ（モッテ）、リ（トッテ）

  撥音便……ニ（シンデ）

    ム撥音便……ミ（カムデ）、ビ（トムデ）→撥音便

  ウ音便……ヒ（オモウテ＞オモーテ）

形容詞の連体形には、シロキ（白）→シロイ、クルシ（苦）→クルシイのようにイ音便形が形成され、連用形には、シロク→シロウ、クルシク→クルシウ、のようにウ音便形が形成された。

形容詞の連用形語尾はクであるから、ウ音便形は動詞のウ音便形と違ってスラーリングによって弱化した語形そのままである。形容詞連用形のウ音便形は、①そのあとにテ／タリをともなわない用法が多く、また、②必ずしも動詞句を修飾しないことなど、動詞連用形の音便形と用法に特徴的な相違があるが、文体指標としての機能は基本的に変わりがない。

4.08 日本語史からみた音便形形成の意義

現代語なら、ワタクシワ：ボクワ：アタシワ、ホンジツワ：キョウ

ワ、と切り出しただけで、文体のフォーマリティーの度合いが判別できる。観点を換えれば、その違いによって、話し手による相手との関係づけのありかたが表明される。その関係づけは、ヤハリ：ヤッパリ、明確に：ハッキリト、ボンヤリト：漠然と、ソノヨウナ：ソンナ、等々、随所に織り込まれる文体指標によって確認される。ディスコースの流れのなかで、関係づけがゆれることは珍しくないが、そのゆれは文体指標に敏感に反映される。

「これからデスネ、新幹線でデスネ〜」というデスネは、「これは、あなたの荷物デスネ」のデスネと同じではない。息を継いだり、話の先を考えたりするための埋めコトバ (filler) である。自分を相手とどのように関係づけているかを確認しながら話を進行する大切な機能を担っている。デスネを、デゴザイマスネ、ダナ、ダヨ、ネ、ヨ、サ、などと置き換えてみれば、その機能がよく理解できる。

平安初期の日本語には、そういうさまざまな言いかたが皆無ではなかったであろうが、あまり発達していなかったようにみえる。<u>ようにみえる</u>とは、書記テクストに口頭言語が記録されていないので、推察するほかないからである。書記テクストによる言語研究には、そういうところに絶対的な壁がある。

ともあれ、そういう推察を前提にして考えるなら、非音便形と音便形とを使い分けて文体を明示できるようになったことによって、ディスコースの伝達効率が大きく向上したことは確実である。この文体指標は、仮名文学作品の叙述などにも有効に機能している。

音便形が形成されたのは、四段活用、ラ行変格活用、ナ行変格活用（以下、これらを四段活用型とよぶ）の動詞だけで、その他の活用型に属する動詞には音便形が形成されなかった。その理由については、つぎの

4 音便形の形成から廃用まで

ように、説明が保留されている（注）。

○音便が起きるのは四段、ラ変、ナ変の動詞に限られますが、その理由は今のところよくわかりません。［概説書「文法史」］

○四段系以外では音便が起こらなかった理由はよくわからない。

［概説書「拍の使用制限と音韻」］

ふたつの概説書の表現はよく似ているが、同じ現象を、前者は文法史の問題として捉え、後者は音韻史の問題として捉えていることを、あとで取り上げるときのために記憶しておきたい（→410）。結論を言えば、どちらも、音便とはどういう現象であるのかを理解していない。

音便形が四段活用型以外の動詞に形成できなかった理由については、さきにひととおりの説明を試みたが、「流れて」、「助けて」、「告げて」など、古典文法の下二段活用動詞については検討を保留しておいた（→406）。

ナガレテ、タスケテにスラーリングが生じると、連用形の末尾音節が弱化してナガエテ、タスエテになる。一般化すれば〘語幹＋エ＋テ〙であるから、命名するならエ音便形である。

この活用型についての説明を保留した理由は、エの音にあった。

平安初期までは、［e］と［je］とが区別されていた。［e］はアイウエオのエであり、［je］はヤイユエヨのエ（イエ）である。

四段活用型動詞に音便形が形成されはじめた時期には、ちょうど、［e］が［je］に合流しつつあったと推定される。すなわち、ふたつの変化が、ほぼ同時に進行していた。

この変化によって、単独母音［e］は日本語の音韻体系から失われた。それから数百年経って、以前と逆方向のje>eという変化が生じ、［e］が復活して［je］が失われた。それが現代語の状態である。ただ

し、地域方言によって現状は違っている。

ナガレテのスラーリングで自然に生じる語形は [naŋaete] であるが、日本語の音韻体系から [e] が失われつつあった時期に、nagaete がそのまま音便形にはなりにくかった。それで、この動詞群にはエ音便形を生じなかった。

これで、いちおう音韻史の立場から説明できたことになる。しかし、音便形がどうしても必要なら、四段活用型動詞の場合と同じように、エ音便形以外の音便形を形成する方向が探られたはずである。

音韻史の観点から捉えれば、日本語から [e] が失われたことがエ音便の形成を阻んだことになる。しかし、それ以上に大きな障害は、この活用型に属する動詞の数が多く、そのなかには、使用頻度の高いものがかなりあったことである。

四段活用型の場合には、ストレートな弱化によるイ音便形のほかに、撥音便や促音便、ウ音便を形成して衝突が回避されたが、下二段活用型動詞には複数の型の音便形を形成することができなかった。

音便形は、非音便形との自然な結び付きが必要であるから、ア音便やオ音便などが形成されることはありえなかった。また、この場合には、活写語に適切な音を求めることも、事実上、不可能であった。

もっとも数の多い四段活用型動詞のすべてに音便形が形成されれば、それだけでも、文体指標としての機能は、ひとまず果たすことができたので、むりやり、それを拡大する方向をとらず、もっと効率的な文体指標を音便形以外に求める方向がとられている（次節）。

音便形の形成は、ディスコースの途中に文体指標を散在させることを可能にした点において画期的であった。しかし、頻用度の高い動詞が多いにしても、四段活用型動詞の連用形が出てこなければ、その機

4　音便形の形成から廃用まで

能が発現されないから、運用効率を評価すれば、無いよりもずっとマシだという程度にとどまるものであったことは否定できない。

【注】　よくわからない……ふたつの概説書が、「その理由は<u>今のところよくわ</u>かりません」、「理由は<u>よくわからない</u>」と、似たような表現をとっている。わからないのは、やむをえないが、思わせぶりの表現をとるべきではない。これは、筆者のまじめな提言である。

4.09　文体指標の多様化

前節に述べたように、現代語では人称代名詞の選択によって、文体を規定したり、話し手による相手との関係づけを明示できる。

ここで注目したいのは、それらの人称代名詞のほとんどは、文献時代に入ってから、それも、中世以降に、別の意味をもつ名詞や代名詞から転用されたものだということである。たとえば、つぎの引用から明らかなように、「わたくし」は、「おほやけ（公）」に対して、プライベートであることを意味する名詞であり、「あなた」は「こなた」の反対側をさす指示代名詞であった。

○<u>わたくし</u>にも心のどかに罷出給へ　［源氏物語・桐壺］

勅使として来訪した人に対して、これからは、プライベートな立場でも宮廷から退出して訪れてください、と頼んでいる場面である。

○この北の障子の<u>あなた</u>に人のけはひするを　［源氏物語・帚木］

○みな静まりたるけはひなれば、掛け金を試みに引き上げ給へれば、<u>あなた</u>よりは、ささざりけり　［源氏物語・帚木］

人称代名詞に転用されて以後、ワタクシから、さらに、ワタシ、ワシ、アタクシ、アタシ、アタイなどが派生し、アナタからアンタが派

生している。

　歴史の流れからみると、四段活用型動詞や形容詞の音便形は、もっと効率的な文体指標が発達するまでのツナギとして利用されたものであった。人称代名詞をはじめ、いっそう効率的な文体指標が発達すると、ランダムにしか機能できない、非音便形と音便形との使い分けは不要になった。

　音便形が形成されて定着してから、その機能を失うまでの経緯を振り返ってみよう。

(1)　ツキテは〘四段活用動詞連用形ツキ＋接続助詞テ〙という結合であるが、構文上、ひとまとまりで機能するようになると、連用形の末尾音節にスラーリングが生じて、ツイテと聞き取られやすくなる。それを新しい語形として定着させたのがイ音便形である。

(2)　平安初期の日本語には、文体の相違を示す指標が乏しかったので、フォーマルな文体にツキテを使用し、インフォーマルな文体にツイテを使用する使い分けが生じた。非音便形と音便形とは、共存することによって、それぞれの機能を発揮することができた。

(3)　それよりもいっそう効率的な文体指標が発達したことによって、音便形と非音便形とを使い分ける必要がなくなった。

　使い分ける必要がなくなれば、それ以外の機能はどちらも同じであるから、共存する意義が失われた。

　共存する必要がなくなって残されたのは、口頭言語で日常的に使用されていた音便形のほうであった。ただし、それは、非音便形との対立を失った活用形であるから、語形は音便形を継承していても、機能は単純化している。

　当時の人たちにとって言いやすいほうの語形が残ったのは事実であ

るが、非音便形よりも音便形のほうが音声的に発音しやすかったのは動詞および形容詞のイ音便と形容詞のウ音便形だけであった。要するに、言いなれた語形のほうが言いやすかったにすぎない。

　連用形語尾キ、シ、ギの四段活用型動詞にイ音便が生じ、それだけでイ音便の許容限度がいっぱいになったと、いちおう説明しておいたが（→407）、実際には、イ音便は積みすぎになっていた。

　サキテもサシテもサイテになったから、咲いて、裂いて／割いて、指いて、刺いて、などが鈴なりになって、もとの動詞に反射的には還元しにくい場合が現に生じていた。腹を刺したのか割いたのか判断に迷うようでは円滑な伝達に支障がある。しかし、それらを二つに分離することができないまま、カ行とサ行との音便形は腐れ縁を続けざるをえなかった。サ行に音便形を生じなかった地域方言がある理由も理解できる。

　非音便形と音便形とを使い分ける必要がなくなると、非音便形の「咲きて」、「嗅ぎて」は失われて、音便形の「咲いて」、「嗅いで」が残り、一方、音便形の「指いて」、「刺いて」は失われて、非音便形の「指して」、「刺して」が残ったから、現代語では鈴なり状態が解消されている。

　現代東京方言におけるワカラナイ／ワカンナイ、ツマラナイ／ツマンナイなどの共存は、平安時代における非音便形と音便形との共存と同じことである。

　コラレナイ、ウケラレナイが、いわゆるラ抜きコトバのコレナイ、ウケレナイに移行する一方で、コランナイ、ウケランナイをも生じている。ワカラナイのラが弱化すればワカーナイのような語形になるはずなのに、ワカンナイになっているのは、スラーリングよって生じる

語形がそのまま定着したものではなく、インフォーマルな語形を形成するためにンを導入した結果である。したがって、これらは、否定形に生じた現代の撥音便である。

ンの仮名は、近世に整えられた五十音図に位置を与えられず、現行の五十音図からもはみだしているが、ンの音は、このように、必要に応じてどこにでも便利に使われて大切な機能を担っている。それは、促音についても同じである。地域方言に目をやれば、その便利さがさらによくわかる。

4.10 言語現象を包括的に把握する

概説書などでは、日本語を、音韻、文法、語彙、などに分割して解説するのがふつうである。日本語史も、ほぼ、それに準じて、音韻史、文法史などに分けられており、さらに、語彙史、敬語史、文体史、なども独立した分野になっている。

この分割は、病院の診療科目を連想させる。専門医や医療機器の都合でそのように分けられていても、ひとつの診療科で間に合うように病気が起こるわけではないから、複数の診療科をタライ回しにされる。言語変化も、音韻史とか文法史とかいう枠付けを守って生じるわけではないから、それと同じことが起こる。病人なら、本人が掛け合ってでもなんらかの治療を受けるであろうが、どの領域にも当てはまらない言語現象は、問題が存在することすら気づかれずに放置される。

音便の正体がわからなかったのは、それを、もっぱら、音韻史の問題として捉えてきたためである。その観点だけからしか捉えないから、唇音退化の場合と同じように、音便が生じたのは発音のユルミ、ナマケが原因であるという診断が下されて、「発音の便宜」によって生じ

4 音便形の形成から廃用まで

た語形であると説明される。その説明が、国学者による国粋主義の合法化であったことは忘れられて義務教育に持ち込まれ、<u>日本人の常識</u>になっている。思えば背筋の寒くなる話である。

　語形変化が生じても、どうして、もとの語形が、いつまでもそのまま残ったのか、どうして、共存しつづけていた二つの語形の一方が捨てられて、現在のような状態になったのか、そういう問題は音韻史の管轄外である。手術を終わった患者がどうなろうと、事務的な外科医には関心がない。

　「置きて」に音便形オイテが生じているのに、どうして「起きて」にはオイテが生じていないのか。その理由づけを音韻史の枠内だけで考えるから、「理由はよくわからない」ということになったり（→408）、「置きて」と「起きて」との<u>キ</u>の母音の発音が8世紀までは違っていたからだという、見当はずれもはなはだしい説明が大まじめで提示されることになる。

　音便とは活用形の語形が変わることであるから、文法史の問題であると考える人たちもいる。そうだとすれば、まず、解決しなければならないのは、音便形を新しい活用形とみなして活用表に新しい枠を設けるべきか、あるいは、臨時に生じる語形として活用表では無視すべきか、ということである。どうして四段活用型の動詞だけに音便形が生じたのかを文法史の枠内だけで解決しようとするから、やはり、「理由は今のところよくわかりません」と投げ出すことになる。

　内科医も外科医も、どうして自分の科の手に負えないのかを考えてみようとはしない。

　つぎの和歌をみてみよう。

　　○　　　きちかうのはな　　　　　　　　　　　　友則

あきちかう　のはなりにけり　しらつゆの　おけるくさはも　いろかはりゆく　［古今集・物名・440］
　　＊「きちかう」は植物名。キキョウ（桔梗）。
　　　　　秋近う、野はなりにけり、白露の、置ける草葉も、色変はりゆく

「きちかうのはな」という７字の仮名連鎖を組み込んで秋の和歌を作るという課題を巧みにこなした作品である。初句「秋近う」の「近う」は「近く」のウ音便形である。この歌集で、音便形を含む和歌はこの１首しかない。

　その事実は、我々につぎのふたつの事柄を教えている。すなわち、①『古今和歌集』の編纂された10世紀初頭に、形容詞連用形のウ音便形がすでに生じていたこと、そして、②音便形は、ふつう、和歌には使用されなかったこと、である。

　たいへんな難題であるから、一筋縄では手におえない。その難題を、これほど巧みに解決したのだから、ルール違反の音便形を使ったぐらいは、やむをえないという目こぼしであろう。

　細かい理由は省略するが、一次和語の語音結合則（→206）の制約のなかで、この位置に母音音節ウを置くためには、和歌から排除されている漢語を使うか、さもなければ、音便形を使うよりほかに、事実上、選択肢はなかった。

　音便形が文体の相違に深く関わっていることは、この事実から明らかである。そうだとすれば、これは、既成の枠で考えると文体史とか語彙史とかの問題ということになるが、それだけではすまされない。なぜなら、すでに述べたように、音便形の機能は人称代名詞などの機能とも密接に関わっているからである。

　ファワ（母）＞ファファという、音韻史に逆行する個別変化を音韻

史の問題として説明できるはずはない (→307)。

現代語のヒの子音が [h] ではなく [ç] になっている理由は、口の開きの狭い母音 [i] に同化した結果であるという古典的音韻論の説明に疑問をいだかないのは、現実の運用を考慮に入れないからである (→306)。

すでに明らかなように、個々の言語変化を巨視的な日本語史ではなく、細分化された「ナントカ史」の枠内に閉じ込めてしまったのでは、その変化の実態も本質も解明することはできない。どのような言語事象について考える場合にも、日本語のすべての項目が体系のなかに位置づけられ、一体として運用されていることを忘れてはならない。

4.11 オナイドシという語形

この章では、活用語の音便について検討してきたが、辞書のなかには、少し違った語形に変化することを、「〜の転」とか「〜の音便」とか説明しているものが少なくない。

○おないどし 〚同い年〛 同じ年齢。同年。▷「おなじとし」の音便。
[『岩波国語辞典』第6版・2000]

この辞書の「音便」の項には、「語が連接する時、発音しやすい別の音に変わる現象 (略)」と説明されているから、オナイドシも、発音しやすいように変化した語形と認定されていることになる。しかし、「二人はオナイドシに生まれた」とは言わないから、発音しやすいかどうかの問題ではありえない。同ジが同イに変わっていてもイ音便とはよびにくいし、オナジトシと共存しているが、文体による使い分けでもない。

暦年をさすトシが年齢をもさすようになるのは、自然の成り行きで

ある。場面と文脈とに支えられれば、取り違えは起こらないが、「それなら、僕は彼と同じトシに～」というような流れでは、「入会したわけだ」とか「なんだね」とか、そのあとまで聞かないと、トシが暦年なのか年齢なのかわからない。

　コトバは話された順序どおりにつぎつぎと理解してゆくものであるから、そのあとのコトバまで待たないと意味が確定できない言いかたは自然に回避される。そこで、同年齢のほうは複合して連濁を生じ、＊オナジドシになったと想定される。ただし、その語形は書記テクストのなかに確認できない。偶然に恵まれなければ、口頭言語専用の語形は書記テクストに足跡を残さない。

　＊オナジドシはひとまとまりに発音されてスラーリング（→404）を生じ、オナイドシになりやすい。インフォーマルな文体で、その語形が通用するようになったのであろう。すべてが推測であるが、ごく自然な筋道である。要するに、オナジトシがふたつの語形に分裂し、混同が回避されたということである。

　このように、言語変化によって生じた結果は、すべて運用効率の改善、向上になっている。

　オナイドシが形成されたのは近年のことであるが、それと同じような派生は文献時代以前にも生じている。それは、月齢の初日と暦日の初日とのズレを解消したツイタチの形成である（→405）。

　同じような伝達上の支障が生じると、同じような方法で支障が取り除かれ、伝達効率が維持される。日本語には日本語の処理パターンがあるから、数百年を隔てても、このように、似たような変化が生じている。

5
日本語の色名

5.00　ふとした疑問から

　蛇口をひねれば水が出る。スイッチを押すと電源が入る。なにか言おうとすればコトバが口を衝いて出る。コトバとはそういうものである。コトバがつうじるとは、ほんとうに不思議なことだ、などと考えることはない。

　「御飯を炊く」、「湯を沸かす」は理屈に合わない。「米を炊く」、「水を沸かす」と言うべきだ。日本人は論理に弱い。日本語は不合理な言語だ。そう言われると、なるほどと納得しかねない。しかし、理屈に合わないとしたら、どうして、「御飯を炊く」で誤解が生じないのだろうか。どうして、だれも「米を炊く」と言わないのだろうか。

　「絵を描く」、「家を建てる」は、描いて絵にする、建てて家にする、という意味だから、「御飯を炊く」や「湯を沸かす」と理屈は同じではないか。そもそも、理屈に合うとは、どういうことなのだろうか。

　このように考えると、「米を炊く」、「水を沸かす」のほうが、逆に、日本語の言いかたとしておかしいことがわかってくる。そして、その発見が助詞ヲの用法について興味をいだくきっかけになる。

　現代語は「水を飲む」であるが、平安時代には「水飲む」であった、

というのが古典文法の常識である。しかし、自分のふだんのことばづかいを思い出してみれば、「水飲みたいな」、「映画見に行こうよ」と言っている。助詞ヲを入れることは、むしろ少ない。それなのに、どうして、やすやすと文法にだまされてしまうのであろうか。これもまた助詞ヲの問題であるが、こんどは歴史が絡んでくる。

　自然に口を衝いて出てくる、ありふれたコトバに、ふと疑問をいだき、どうしてだろうと考えはじめると、つぎつぎと疑問が広がってゆく。日本語史への入り口は、どこにでもある。

　この章では、現代語の色名アオについての疑問から、日本語史の奥に分け入ってみたい。そして、その検討の結果が、どのような問題につながるかをも考えてみる。

5.01　青信号の色はアオではない？

　青信号の色はアオではない。幼い子どもたちを混乱させないために正しい名称に改めてほしい。そういう趣旨の母親の投書が、いつか新聞に掲載されていた。

　どうして、ミドリ色なのにアオ信号なの？　と子どもに尋ねられて、投書者は返答に窮し、なるほど、これはそのままにしておけないと考えたのであろう。

　「青信号」に相当する英語は green light である。信号の色は同じであり、英語では正しく命名されているのに、どうして、日本語ではアオ信号などと、いいかげんなよびかたをしているのだろう、というのが投書者の疑問である。ちなみに、中国語では緑灯である。

　新聞の編集者がこの投書を採用したのは、すくなくとも一考に値する社会問題だと判断したからに相違ない。そうだとしたら、特定個人

5 日本語の色名

の、取るに足らない意見として片付けるわけにいかなくなる。

青信号をそのままにしておいてよいか、それとも、適切な名称に改めるべきか。読者なら、どちらを選ぶであろうか。いちおう、考えを固めたうえで、この先を読んでいただきたい。

「青信号」でよいと主張するためには、あの色はアオとよぶのが最適であるという客観的根拠が必要である。しかし、信号のあの色はアオかミドリかと言われたら、ミドリとしか答えようがないであろう。

投書者の意見を支持するとしたら、「青信号」に代わる適切な名称が必要になるが、なんとよんだらよいであろうか。その名称に改めると、新たな混乱が生じることはないであろうか。

我々の目的はアオというコトバについて検討することであるから、「進め信号」、「止まれ信号」というたぐいの妥協案は考慮せずに、色名だけで考えてみる。

吹けば飛ぶような、ただひとつの語について、正しい名称を決めてみたところで、ほとんど意味がないと考える読者もいるであろう。確かに信号の名称だけを検討の対象にして適否を判断してみたところで、広大な砂漠の一粒の砂を磨きあげるような作業にすぎない。大切なのは、その作業をつうじて、コトバを支配する一般原理を導き出すことである。

5.02 ふたつの原則

母語としての日本語に関する意見は、思い込みに基づく感情論に陥りがちであるが、動かしようのない結論が先にあったのでは議論にならない。

コトバについて客観的に考えようとする場合には、あらかじめ、つ

ぎのふたつの原則を確認しておく必要がある。

(1) 言語は体系として機能するから、ひとつの語だけを体系から切り離して検討しても実りは得られない。この場合、「青信号」だけを考えても客観的に正しい結論は導けない。
(2) 現代日本語はそれ自体で体系をなしているから、現代語の意味用法について考える場合には、まず、その語が、現にどのように使われているかを正確に観察すべきである。本来はこういう意味であったからとか、本来、このように使われていたからとかいう論法で現代語の意味や用法を説明すべきではない。

誤解のないように強調しておくなら、「本来」という観点から説明するのが日本語史の立場ではない。

5.03 規範と記述

前節の投書者は、〖アオ=blue〗、〖ミドリ=green〗という関係でふたつの色名を使い分けるべきだと考えている。それに対して、筆者は、前節の(2)で、それらの色名が、現に、どのように使われているかを正確に観察すべきであると主張した。

コトバについては、規範主義 (prescriptivism) と記述主義 (descriptivism) という、互いに相容れないふたつの立場がある。そのことを手短に説明しておこう。

医師が処方箋を書き、薬剤師は処方箋どおりに薬を処方する。処方箋とは、英語で言えば prescription、すなわち、あらかじめ (pre-)、文字 (script) で書いた指示のことである。それが、ここにいう「規範」である。

文法には、ふたとおりの立場がある。ワカラナイが正しい言いかた

5 日本語の色名

であり、ワカンナイは誤りだというのが、教室で習う口語文法の規則である。

口語文法とは、現代語の文章を書くための規範であるが、名称が適切でないために、口頭言語にそのまま当てはめるべきだと考えている先生がたが少なくない。

口語文法のように、守るべき規範として定められた文法を規範文法という。それに対して、現実にどのように使用されているかに基づいて帰納された運用規則を記述文法という。

一般化するなら、これが正しい、それ以外は誤りだという規範をあらかじめ定めて、現実をそれに合わせようとするのが規範的立場であり、現実がどのような状態にあるかを客観的に観察して解析するのが記述的立場である。比喩的に言うなら、理想的な靴を作って、どんな足でもそれに入れようとするのが規範主義であり、足の寸法を細かく測って、ピッタリの靴を作ろうとするのが記述主義である。

アオは英語の blue に相当し、ミドリは green に相当する。したがって、green の色をした信号をアオ信号とよぶべきではない。それが、投書者の規範である。

学校教育では日本語についてなんらかの規範が必要かもしれないが、設定された規範が現実の用法と、かけ離れていてはならない。まず、実態をみてみよう、というのが、記述的立場である。

ここで確認しておかなければならないのは、色の認識はすべての言語に共通ではないという事実である。したがって、日本語の色名を英語の色名と一対一の関係できれいに対応させようとすることには原理的に無理がある。そのことを明確に認識したうえで検討に取りかかる必要がある。

5.04　辞書の説明

世間には、辞書信仰とでもいうべき風潮がある。

権威ある国語辞典の説明がこうなっているから、この語の正しい意味はこうなのだということで、疑問や議論に決着がつけられる。負けたほうもそれで納得する。

権威ある辞書として自他ともに許す観のある『広辞苑』（第5版）で、「あお」の項を引いてみよう。

○（一説に、古代日本語では、固有の色名としては、アカ・クロ・シロ・アオがあるのみで、それは明・暗・顕・漠を原義とするという。本来は灰色がかった白色をいうらしい）①七色の一。また三原色の一。晴れた空のような色。（略）②緑色にもいう。③青信号の略。（④以下略）

カッコ内の、「一説に」から、「〜原義とするという」までの説明は、おそらく、佐竹昭広「古代日本語における色名の性格」（『万葉集抜書』岩波書店・1980：岩波現代文庫・2000）に基づいている。ただし、同書にはアヲを「蒼白」としているから、「本来は」以下の解説は、別の「一説」らしい。「灰色がかった白色」とは、要するに、ごく薄い灰色ではないかという疑問もある。ともあれ、「一説に」という表現は、必ずしも広くは受け入れられていないとか、確定的ではないとかいう、編集者の評価を含意している。

この語の古い語形は awo であったから、表音的にはアヲに相当する文字で表記されていたが、17世紀ごろに wo>o という変化が生じて、現代語と同じ ao になった。以下、その時期を挟んで、アヲ、アオと書き分ける。

あとで述べるように、筆者は基本的に佐竹昭広の考えを支持する立

5　日本語の色名

場にあるが、いずれにせよ、「本来は灰色がかった白色」をさす語であったアヲが、どうして、現代語では「晴れた空のような色」や緑色をさすようになったのかという疑問に、この解説は答えてくれない。

『広辞苑』よりずっと分量の多い『日本国語大辞典』第2版（小学館・2000）では、「あお」の語義が11項に細分されている。以下にその①を引用する。

　　○色の名。五色の一つ。七色の一つ。本来は、黒と白との中間の範囲を示す広い色名で、主に青、緑、藍をさし、時には、黒、白をもさした。「青空」「青海」「青葉」などと他の語と複合して用いることが多い。

この解説を読んで、自分の理解力が不足していると考える読者が少なくないかもしれない。しかし、この解説は、この項目の執筆者や校閲者をも含めて、だれにも理解できないであろう。執筆者にわかっていないのに、読んだ利用者がわかるはずはない。項目末尾の「語誌」によると、「本来は」以下の解説は、やはり、佐竹昭広の考えに基づいているが、ふたつの辞書の理解にはかなりの開きがある。

小型の国語辞典の多くは、①晴れた空の色。②葉の色。（『新潮国語辞典』第2版・2000他）のように分けて説明しているが、なかには、つぎのような解説もある。

　　○よく澄んだ空の色に代表される、赤に対する暗い（落ち着いた）
　　　感じを受ける色。（略）［『新明解国語辞典』第6版・三省堂・2000］

凡例によると、「暗い（落ち着いた）感じ」という表記は、「暗い感じ」または、「暗く、落ち着いた感じ」という意味であるが、青空の色も青葉の色も、「暗い」の対極にある明るい色である。

　　○①晴れた秋空や藍染めのような色。また、その系統の色。▷後者

の場合には、「青葉」のように緑にもいう。「藍」と同語源。②青色と関係のある次のようなもの。〈ア〉交通信号の、進め。「青で渡ろう」。(略)　[『岩波国語辞典』第6版]

　アオの基本はブルーであるという立場であるが、「その系統の色」がクセモノである。

　「藍」と同語源であるという解説を付した意図は不明である。awoとawiとは末尾母音が交替した可能性を想定させるが、肯定も否定もできない。

　「藍」という語が文献時代以前のいつの時期に形成されたかは不明であるが、あとで述べるように(→506)、アヲが、淡い色調をさす語であったとすれば、「藍」が濃い色であることに不安がある。

　現代語の辞書に「藍と同語源」と記されていれば、アヲの語源はアヰであると理解するのがふつうであるから、同語源であることが確実であると仮定しても、この解説は誤解を誘うだけで、アオを理解するために役立たないノイズである。ちなみに、「藍」の項に、「青」と同語源であるとは記されていない。

　「青色と関係のある」とは、どのような関係を意味しているのかも不明である。

　ここでは、たまたま取り上げたが、読者が日本語話者であれば、アオとかアカとか、ヤマとかカワとかいう項目を辞書で引いた経験は、まず、ないであろうから、なにが書いてあっても実害はないが、ともかく、これが国語辞典の実態である。日本語を学習する人たちは、よく注意したほうがよい。

　以下に明らかになるように、辞書の説明がこのように混乱している最大の原因は、アオという語の歴史がまだ十分には解明されていない

ことにある。

　日本語話者なら、たとえ上手に説明できなくても、現代語のアオという語を完全に身につけて正しく使用しているのであるから、辞書信仰から脱却して、自分自身で分析してみたほうがおもしろい。

5.05　現代語のアオ

　物心がついたときから日本語を使いつづけていると、すべてが当たりまえになってしまうが、つぎのような事実があることに着目したい。

(1)　アカの反対色はシロである……運動会、吉事
(2)　アカの反対色はアオである……色鉛筆、カビ、鬼、紫蘇(しそ)、蛙(かえる)
(3)　クロの反対色はシロである……凶事、容疑、素人(しろうと)／玄人(くろうと)
(4)　以上の4色 (アカ、シロ、アオ、クロ) 以外の色に反対色をもつものはない。
(5)　アカアカト、シラジラト (〜夜が明ける)、クログロト、アオアオト、という形式の副詞があるのは、これら4色だけである。

　以上の事実は、現代日本語の色名のなかで、アカ、アオ、シロ、クロの4語が一群になって特別の位置を占めており、相互に緊密な関連をもっていることを示している。それらは、いわば、日本語の四原色に相当する。これらの語が、同時に作られたか、多少の先後関係があるかは不明であるが、たいへん古い時期に、事実上、同時に作られたと考えてよいであろう。

　赤信号／青信号は(2)のセットであるから、赤鬼／青鬼や赤紫蘇／青紫蘇(しそ)などと同じように、<u>日本語として自然な命名</u>であることを確認しておきたい。青信号だけでなく、青鬼も青シソも、青カビも、青蛙も、色はミドリである。

交通信号は近代的システムであるが、青信号、赤信号は、日本の色名の伝統的な体系に基づいて命名されていることが、この段階までの検討で明らかになった。

　日本語話者の素直な感覚で命名されているので、日本語話者に素直に受け入れられている。それが<u>正しい</u>命名である。

　投書者は、規範意識を呼び覚まされて、このままではよくないと思いつめたのであろうが、砂漠の砂一粒にこだわって、まわりの砂が目に入らなくなっている。

　ひとつの語は他の多くの語と緊密な力関係をもって語彙に組み込まれている。その意味で、砂漠の砂ではなく、社会のなかの一人の人間である。社会を構成する最小の単位は家族である。この場合には、大家族を考えてみる。

　「兄」とか「孫娘」とかいうメンバーを家族から切り離して捉えることはできない。

　すべてのメンバーは、家族のなかで独自の位置づけのもとに他のメンバーと共存している。アオは色名という家族のなかに位置づけられている。アオがアオだけで生きているわけではない。青信号の双子のキョウダイに当たる赤信号が投書者の目に入らなかった。それに気づけば、家族全体が見えてきたはずである。

　筆者は、この投書者個人の資質を問題にしているわけではない。これを取り上げたのは、日本語に関する論議のほとんどが、ひとつのコトバ、ひとつの言いかたの正誤を問題にするものであり、この投書も、そういう典型のひとつだからである。

　国語辞典では、「あお」の項の第1の意味を、「晴れた空のような色」などとしている（→504）。しかし、アオを前部成素にもつ複合語

は、つぎのように、ほとんどすべてミドリ色の対象をさしており、「青空」、「青鉛筆」などは数少ない例外である。

　　青葉、青菜、青海苔、青物、青リンゴ、青桐、青虫、青竹、青豆、青畳　アオミドロ（青水泥）　青二才　青ビョウタン

それらのアオには、未成熟という含みが濃厚である。「青葉」、「青虫」、「青竹」なども未成熟な状態であるから、アオを前部成素とする複合語が、それらの色に基づく、あるいは、色だけに基づく命名であるとは断言しにくくなる。

日本のリンゴはアカと決まっているから、青リンゴも、日本語としては、まだアオイうちに、もいだ感じがする。

「青畳」は、やがて、新鮮さを失ってふつうのタタミになる。「青物」も新鮮さが生命である。修行の足りない「青二才」も、そのうちに人間が熟してくる。

未成熟であること、新鮮であることと、その状態を特徴づけるミドリ色との間に一線を画するのは難しい。「青海苔」、「青桐」などは、成熟度と無関係のようであるが、それらもアオの領域の周縁にある。

以上の検討に基づくなら、現代日本語におけるアオの意味は、ひとまず、つぎのように整理される（→章末補注）。

(1)　伝統的用法…………アオイ顔、青葉、青物、青竹、青二歳、
　　（特に「赤」とのセット）青鬼、青紫蘇、青カビ、青蛙、青鉛筆

(2)　伝統を離れた用法……アオ空

アオイ顔、アオザメルなど、顔色に関わる用法は、現代語でも色彩ではなく色調である。それにつうじるアヲウナハラ、アヲブチなどの不気味さについては後述する（→509）。

「青葉」、「青竹」、「青田」、「青梅」などはミドリ色をイメージさせ

るが、コトバとして、それらのアオはミドリと互換性がない。ミドリダケやミドリウメがあるとしたら、それは、竹や梅の特定の種類の名称として理解される。

5.06　日本語の色名

　文献時代以前の日本語には、つぎに示すような、明暗を表わす語と濃淡を表わす語とがあっただけで、色彩を表わす固有の語はなかったことが指摘されている（→504）。後者は、濃淡というよりも、「くっきり／はっきり：ぼんやり」のほうがいっそう適切であるが、明暗とのセットで濃淡としておく（→章末補注）。

　　明暗……アカシ　アカ（明）　　クラシ　クロ（暗）
　　濃淡……シロシ　シロ（著）　　＊アワシ　アヲ（淡）

この観点から、『枕草子』冒頭の一節をみてみよう。

　〇春はあけぼの、やうやう<u>しろく</u>なりゆく山ぎは、すこし<u>あかり</u>て、
　　むらさきだちたる雲の、細くたなびきたる

「やうやう<u>しろく</u>なりゆく山ぎは」とは、闇のなかで見分けのつかなかった稜線が、しだいに白みを帯びて、くっきりとしてくる、という表現である。

　形容詞シロシは、白色であることだけでなく、ずっと後の時期まで、つぎのように、はっきりしている、という意味でも使用されている。

　〇内侍所(ないしどころ)の御神楽(かぐら)の夜、（略）庭火(にはび)、<u>しろく</u>焚(た)きたるに、袴(はかま)を高く
　　かき上げて　［宇治拾遺物語・巻五・五］

　　＊「庭火」は、神楽(かぐら)の際、照明として焚いた火。

この場合の「しろく」を現代語の感覚で置き換えれば、「ビルの窓にアカアカト明かりが灯(とも)る」というアカアカトに相当する。「庭火」

なら赤色がイメージされたに相違ないが、コトバとしては、「赤々と」ではなく、「明々と」である。こういう用法が、シロシとアカシとを結んでいることにも注目すべきである。つぎの例も同様である。

　○立ち明かし、しろくせよ　［徒然草・22段］
　　＊「立ち明かし」は、松明(たいまつ)の類をさす。「しろくせよ」は、「明るくせよ」という命令。

シロシは、はっきり見える状態を表わす語であったが、はっきりわかる、いちじるしい、という意味が派生し、文献時代の初期には、すでに、つぎのように、母音交替を生じたシルシが後者の意味で使用されている。多様化した意味を異なる語形に分担させるために生じた分裂である。

　○我が脊古(せこ)が　来(く)べき宵(よひ)なり　ささがねの　蜘蛛(くも)のおこなひ　今宵
　　しるしも（虚豫比辭流辭毛）　［日本書紀・允恭天皇］

『枕草子』に戻ると、「あかりて」とは、明るく赤みを帯びて、という表現である。11世紀初頭の段階では、色名が、そのもとになった語と完全には分離していなかったことを生かして、こういう巧みな表現が可能であった。

「むらさきだちたる雲」の「むらさき（紫）」は、「茜(あかね)（赤根）」や「梔(くちなし)」などと同じく染色の名を転用した色名である。「紫草」の花が群がって咲くことからムラサキと命名されたとすれば、《群＋咲き》という構成である。

5.07　色名の進化過程

　文化人類学を専門とするバーリン（Brent Berlin）と、言語学を専門とするケイ（Paul Kay）とは、大学院のセミナーで世界各地の言語を

対象に研究し、色名は、すべての言語をつうじて、以下の順序で進化するという一般法則があることを報告している（*Basic Color Terms, their Universality and Evolution.* Univ. of California Press. 1969. 1991)。

(1) 白 (white) と黒 (black) とは、すべての言語にある。
(2) 色名が三つなら赤 (red) がある。
(3) 色名が四つなら緑 (green) または黄色 (yellow) がある。
(4) 色名が五つなら緑と黄色とがある。
(5) 色名が六つなら青 (blue) がある。
(6) 色名が七つなら褐色 (brown) がある。
(7) 色名が八つ以上なら、紫、ピンク、オレンジ、灰色 (grey) か、それらのうちのどれかを組み合わせた色名がある。

同書には、日本語の blue (アオ) が green (ミドリ、ミドリイロ) よりもはるかに古い時期に遡るだけでなく、アオが blue と green とにまたがっている事実を指摘し、そのことをうまく説明できなければ、blue と green との進化の順序に関して、日本語を反例とみなさざるをえないが、この現象については、法則に違背しない解釈も可能なので、結論は今後の研究をまたざるをえないと、日本語に関する部分の説明を結んでいる。

日本語では(4)と(5)との順序が一般原則と逆になっているだけでなく、(5)の段階で出てくるはずの blue が、ずっと古く遡る理由をどのように説明すべきか不審であると指摘しているが、ほんとうの問題はもっと深いところにある。

この原則によると、白と黒とのつぎは red であるが、前節に指摘したとおり、古代日本語のアカは red ではない。

語としてミドリよりアヲのほうがずっと古いことは確かであるが、

5 日本語の色名

アヲは blue ではないし、ミドリは green ではない（→510）。

「黄」の由来は定かでない。「葱」（ワケギ、ネギなどの<u>キ</u>）の、日光に曝されていない、食べる部分の色という可能性が考えられるが、想像の域を出ない。いずれにせよ、植物などの名称が色名に転用されたのであろう。

平安時代以降の<u>キ</u>に相当する音節が上代には2種類あったが、「黄」も「葱」も、どちらの<u>キ</u>であったか不明である。ただし、両者の発音が違っていたとしても、意味の分化にともなう語形の分裂が想定されるので、起源が異なるとは限らない。

バーリンとケイとによる研究には、たくさんの言語が扱われているから、個々の言語の個々の語に関する情報は、当然ながら、その言語に関する既成の情報に頼らざるをえない。セミナー参加者のリストには日本語を担当した英国系の名をもつ二人の人物の名があるが、このような取り違えの責任は、もっぱら、適切な情報を提供できなかった国語史研究の側にある（注）。

【注】 <u>日本語についての情報</u>……日本語話者以外による著書や論文には、たとえば、つぎのような例がたくさんあることを指摘しておく。TRASK, R.L. (1999) は、性別によるコトバの違いの典型として日本語のオナカ：ハラ、タベル：クウ、オイシイ：ウマイなどのセットを示している [*Language, the Basics.* 2nd ed.]。これも、2次情報に基づいているに相違ないが、それらの関係が手放しで男女差と言えないことは明白である。そういう不完全な情報に基づいて言語一般のありかたが論じられている場合が少なくないので、日本語の研究者は、日本語について正確な情報を発信する責任がある。

5.08 『土佐日記』のアヲ

　前述したとおり、本来、アオは色名ではなく、淡い色調を表わす語であった。

　○黒崎の松原を経て行く、所の名は黒く、松の色はあをく、磯の波は雪のごとくに、貝の色は蘇芳(すはう)に、五色にいま一色(ひといろ)ぞ足らぬ

[土佐日記・二月一日]

　実景の描写であるとすれば、「貝の色は蘇芳に」とある貝は、波打ち際の砂浜に露出しているハマグリ（＜浜栗）のような貝が考えられるが、ここは、観念的に作りあげた、寒々とした情景として理解すべきであろう。

　仮名文学作品に出てくる「蘇芳」は、ほとんど染色の名であるが、「朱枋色ナル血(すはう)」[今昔物語集・巻二十七・十]となると、凝固した血のどす黒い色である。

　内裏の仁寿殿に、毎晩、油を盗む魔物(もの)が出るのを待ち伏せして足で蹴ったら、魔物は走って逃げた。朝になって蹴った場所を見たら、「蘇枋色ナル血」がたくさんこぼれていた、という話である。

　五色とは、青、黄、赤、白、黒をさす。この一節では、つぎのように引き当てられている。

　　　黒……黒崎（地名）　　　青……松　　白……波　　赤（蘇芳）……貝

　消去法なら、五色に足りない一色は「黄」であるが、ここは、荒涼たる海岸の風景を描いた場面であるから、無理にでも黄に見立てられるものがありさえすれば、それでよいという気持ちの表明であろう。「赤」も、ここでは暗い色の「蘇芳」に置き換えられている。

　日付は二月一日。二月は陰暦で春の半ばである。しかし、見渡しても春の気配はまったくない。地名は、暗い印象の「黒崎」である。松

の色はアオである。磯に打ち寄せる波の白さは、冬の雪さながらの寒さを感じさせる。海岸に転がっている貝の色は黒味がかった鈍い赤である。せめて、もう一色あれば、曲がりなりにも「五色」になるが、無理に見立てても「黄」と言えそうなものは目に入らないということである。

遅々として進まない船旅にうんざりしている心境を反映した叙景であるが、当面の課題との関連で注目されるのは、「松の色は<u>あをく</u>」という表現である。

「松の色はあをく」とは、ミドリになっていないという意味である。春の松はみずみずしいミドリの典型であるのに、黒崎の松は、この季節になっても、冬と同じ、くすんだアヲのままだということである。後述するミドリ（→510）との関連でそのことを記憶しておきたい。なお、中国語の「青松」は美しい印象の表現であるが、それとは無関係であろう。

5.09　アヲウナハラ、アヲブチ

「松の色はあをく」のアヲクとは、どういう印象を表現しているのであろうか。

○　　唐土（もろこし）にて月を見て詠みける　　　　　　　　阿倍仲麻呂
　　あまのはら　ふりさけみれは　かすかなる　みかさのやまに　いてしつきかも　[古今集・羇旅・406]
　　　　　天の原、ふりさけ見れば、かすかなる、三笠の山に、出でし月かも

少年時代に日本を離れたまま数十年を中国で過ごして帰国する際に、海辺にくっきりした月が出てきたのを詠んだ和歌である、と左注に記されている。「かすかなる三笠の山に」は、<u>かすかな</u>記憶に残る、

春日にある三笠山、という重ね合わせの表現である[『やまとうた』]。

『土佐日記』(一月二十日)に引用されたこの和歌の初句は、「あまのはら」ではなく、「あをうなはら」となっている。このアヲウナハラを理解するために、『古今和歌集』のアマノハラとの表現の違いを検討しておこう。

日本語史の資料として書記テクストを適切に利用するためには、表現の的確な理解が不可欠であることを、ここでも強調しておきたい。

『土佐日記』には、もう1首、『古今和歌集』所収の在原業平作の和歌が、1句だけ入れ替えて引用されている。いずれも、記憶違いや異伝ではなく、私的な日記であることを口実に、歌人の立場から添削したものとみなすべきである。

『古今和歌集』では、この和歌の詞書に、「唐土にて、月を見て詠みける」とあるから、歌集の撰者が設定した主題は大空に照る月である。左注には、「夜になりて、月の、いとおもしろくさし出でたりけるを見て」とあるが、『土佐日記』の場面設定は、「山の端もなくて、海のなかよりぞ出でける」、「その月は海よりぞ出でける」となっている。目の前には、これから渡らなければならない海が、すなわち、アヲウナハラが、満

[図版2] 青谿書屋本『土左日記』

紀貫之自筆テクストの文字を藤原為家が忠実に写し取ったテクストを、もう一度、忠実に写し取ったテクストであることが証明されている。ただし、鎌倉時代の知識に基づいた写し誤りが散見する。また、個々の文字に気を取られて、「かす／かなる」のように、原本の続け書きを守っていないと思われる個所も目立つ。

月ではなく、二十日に減光された月光のもとに際限なく広がっている。

　阿倍仲麻呂と同じように、『土佐日記』の作者もまた、故郷を離れ、遠く海を隔てた土佐の国での長い滞在を終えて京にもどる旅の途中にあり、一月二十日になっても、まだまだ海路の果てが見えてこない状態にあった。

　月に照らされて眼前に果てしなく広がる海は、明るいブルーではない。アヲウナハラのアヲは、これからの海路の不安を暗示する不気味な暗い色である。恐ろしい海のかなたにある懐かしい故郷にもどる阿倍仲麻呂の心境は、「天の原」よりも、アヲウナハラのほうが、具体的イメージをもって人の心に迫ると、歌人としての紀貫之は考えたに相違ない。

『和名類聚抄』（→205）（十巻本・天地部・水土類）には、「海」の項に「日本紀私記云（略）滄溟　滄音蒼　阿乎宇奈波良」（二十巻本は「阿乎宇三波良」と注記されており、そのもとになった『日本書紀』（神代上）には、つぎのように記されている。

○已而伊奘諾尊、勅任三子曰、天照大神者、可以治高天原也、月読
　尊者、可以治滄海原、潮之八百重也、素戔嗚尊者、可以治天下也
○一書曰、伊奘諾尊、勅任三子曰、天照大神者、可以御高天之原也、
　月夜見尊者、可以配日而知天事也、素戔嗚尊者、可以御滄海之原
　也

本文と「一書」とで、そこを治めさせた子が違っているが、「滄海原」、「滄海之原」とあるのがアヲウナハラである。平安時代にも、そのように訓読されている。

「滄海原」、「滄海之原」、すなわち、アヲウナハラとは、「潮之八百重」、すなわち、広大な海の全域を包摂する概念であり、アヲウナハ

ラのアヲは色のイメージを一次的には喚起しない。

アヲウナハラと同じように、アヲが、暗く恐ろしい印象を与える語にアヲブチがあった。

つぎに引用する『万葉集』の例は、原文に「青淵」と表記されているが、『枕草子』の例と対比すれば、アヲブチと訓じてよいであろう。

○　虎に乗り　古屋（ふるや）を越えて　青淵に　鮫竜（みつち）捕り来む　剣太刀（つるぎたち）もが

[万葉集・巻十六・3833]

＊「鮫龍」は、霊力をもつ、龍のような想像上の動物。

○名、恐ろしきもの、あをぶち、谷の洞（ほら）、鰭板（はたいた）、くろがね、つちくれ、雷（いかづち）は名のみにもあらず（略）　[枕草子・名恐ろしきもの]

アヲブチは底知れぬ深みであり、清少納言は、谷の洞穴と同じように、聞いただけでゾットするもののひとつに数えている。

この作者は、荒れた池の冬の夜の光景をつぎのように描いている。

○わざとつくろひたるよりも、うち捨てて水草がちに荒れ、あをみたる絶え間絶え間より、月影ばかりは、しろじろと映りて見えたるなどよ、すべて、月影は、いかなる所にてもあはれなり

[枕草子・荒れたる家の]

枯れた水草のなかの、「あをみたる絶え間絶え間」に白々と月の姿が映っている。こんな場所でさえも、月の光はすばらしいものだ、ということである。この「あをみたる絶え間絶え間」は、読者に「名、恐ろしき」アヲブチを覗かせる。

「名、恐ろしきもの」のリストにアヲブチを入れたのは、彼女の鋭いセンスに基づいたユニークな選択であるが、言われてみればなるほど、と読者を共感させたはずである。それが、この作品の「〜なるもの」に共通する特色である。濃い緑褐色の大きな蛇、アオダイショウ

(青大将)は、現代のふつうのセンスで思い浮かぶ「名、恐ろしきもの」のひとつである。

つぎに引用するアヲヘドは、激しい荒波に揉まれた船上での嘔吐である。

○ (略)と、<u>あをへど</u>を吐(つ)きて宣(のたま)ふ　[竹取物語]

この語の用例は、ほかに見当たらないので、その意味を帰納的には確定できないが、このアヲも、ヘドの色ではなく、ひどい船酔いをして、マッサオな顔で苦しそうに嘔吐をしたという表現であろう。青息吐息という語を連想させる。

以上の検討の結果を整理すれば、つぎのようになる。

<u>本来、アオは、ぼんやりした色調をさす語であり、現代語でも、その延長として、さえない顔色をさす用法などが残っている。アヲには未成熟な状態をさす用法が支配的になり、新鮮さをも表わすようになった。ただし、それらはどういう特性を表面に出すかの違いであって、根底は同じである。</u>

5.10　ミドリ

アヲとの関連で、ミドリについても検討しておこう。

つぎに引用する『古今和歌集』の2首の和歌には、春が深まるにつれて姿を変える柳の枝が詠まれている。

○　　　歌、奉れと仰せられし時に、詠みて奉れる　　貫之
　　<u>あをやぎ</u>の　糸縒(よ)り懸くる　春しもぞ　乱れて花の　綻(ほころ)びにける
　　　　　　　　　　　　　　　　　　　　　　　　　　　　　　[春上・26]

「青柳の糸」とは、新緑の柳の枝ではなく、芽をふくまえの、<u>アオ黒くて</u>細長い柳の枝を縫い糸に見立てた表現である。「青柳」と漢字

を当てるとアオアオとした柳、という現代語の感覚が働いて誤解を招きやすい。

　柳が細い糸をたくさん垂れて、なにかが綻びたら縫ってやるぞと待ちかまえている春先に、とても縫いきれないほどたくさんの花がいっせいに綻びてしまったという、柳を擬人的に捉え、傍観者の立場で面白さをこめた表現である。

　この和歌のあとに、つぎの和歌がある。
　○　　　西大寺のほとりの柳を詠める　　　　　　　僧正遍昭
　　浅みどり　糸縒り懸けて　白露を　珠にも貫ける　春の柳か
[春上・27]

アヲヤギの状態よりも、もう一段、春の季節が進行している。

ミドリとは若芽のことであり、また、その若芽の色でもある。柳の枝が芽ぶきはじめ、浅緑色の小さな若芽のひとつひとつに白露が宿った状態を、みずみずしい浅緑色の糸を通した真珠の数珠に見立てている。詞書に、大寺のほとりの作であると記されている。すばらしいこの数珠は大寺の高僧にふさわしい[『やまとうた』]。

　浅ミドリは、つぎに引用する深ミドリに移行する。
○松原の深緑なるに、花紅葉をこき散らしたると見ゆる袍の濃き
　薄き数知らず　[源氏物語・澪標]

季節は秋であるが、秋の情景の単純な描写ではない。位階の違いによる袍（上着）の色の取り合わせが巧みに描き出されている。

「深緑」の袍は六位である。この場面では一面に生えている松になぞらえるほどその数が多い。「花」、「紅葉」は、それぞれ、五位の「浅緋」と四位の「浅緋」である。「こき散らす」は、枝からちぎってまき散らすことで、そういう色の袍を着た人物があちこちに散在して

5 日本語の色名

いる情景の描写である。

○<u>みどり</u>なる　ひとつ草とぞ　春は見し　秋は色々の　花にぞあり
　ける　[古今集・秋上・245・題知らず・詠み人知らず]

春の段階では、どれも緑色の新芽だったので、みんな同じ種類の草だと思って見ていたが、秋になると、さまざまな色の花を咲かせる草であることがわかった、ということである。

『日葡辞書』(→307) の Midori の項には、「木々の若枝、または木々の新芽。また、野原の新緑」(土井忠生訳『邦訳日葡辞書』岩波書店・1980による。以下も同じ) と解説されている。

『枕草子』の以下の2例には、池の水が「みどりなる」と描写されている。

○ 蓮(はちす)は、よろづの草よりもすぐれてめでたし、(略) 花なきころ、
　<u>みどりなる</u>池の水に紅(くれなゐ)に咲きたるも、いとをかし　[枕草子・草は]
○池ある所の五月(さつき)、長雨のころこそいとあはれなれ、菖蒲(きうぶ)、菰(こも)など
　生(お)ひこりて、水も<u>みどりなる</u>に、庭もひとつ色に見えわたりて

[枕草子・池ある所の]

最初の例は、緑色の池と紅色の蓮の花との<u>美しい</u>取り合わせを描いており、つぎの例は、緑色の菖蒲や菰などが生い茂り、池の水もそれと同じ緑色であるうえに、庭も同じ色に覆われて雨に打たれている<u>美しさ</u>を画いている。

三巻本『色葉字類抄』(→208)(黒川本・美部・光彩)には、「緑、翠、碧」の3字をミドリに当てている。これによれば、12世紀には現在のミドリと同じ範囲の色をさす語であったと認めてよさそうである。

以上の検討によって導かれた結果は、つぎのように要約される。

　ミドリは、出たばかりの、みずみずしい新芽をさしたが、早い時

期に新芽の色をもさすようになったようである。『枕草子』の用例から知られるように、ミドリは、陰気なアヲと違って、美しい色であった。

5.11 ミドリコ

○みどりこの（弥騰里児能）　乳乞ふがごとく　天つ水　仰ぎてそ待つ　［万葉集・巻十八・4122］

『万葉集』には、このほかに、「緑子、緑児、小児、若子、若児」などがあり、いずれもミドリコと訓読されている。ミドリコは、生まれて間もない、若芽のようにみずみずしい子のことで、色とは無関係である。

『和名類聚抄』（二十巻本・人倫部・老幼類）（→205）の「嬰児」の項に、「蒼頡篇云（略）一云嬰孩児　美止利古（略）始生小児也」と注記されている。「始生小児也」とあるから、ミドリコは、やはり、生まれて間もない子である。ただし、平安時代の仮名文学作品には、もっぱら和歌の表現技巧として使用されており、以前の時期よりも、さす年齢の幅が広がっているようにみえる。

○逢ふことはかたゐざりする　みどりこの　立たむ月にも　逢はじとやする　［拾遺集・恋一・679・題知らず・兼盛］

もうじき立って歩けるようになるミドリコであるから、生まれたばかりではない。「みどりこの立たむ」から「立たむ月」を導く技巧として使用されている。

つぎに引用するのは、どちらも長歌の一節である。

○今来むと　いひし言の葉を　さもやとまつの　みどりこの　絶えずまねぶも　［蜻蛉日記・天徳元年十月〜］

5 日本語の色名

＊さもやと待つ・松のみどり・みどり子の　絶えずまねぶも、という表現。
つぎの用例も、乳幼児を漠然とさしている。
○いつしかまつの　みどりこを　行きては見むと　するがなる　田
　子の浦波　立ち寄れど　［蜻蛉日記・天徳元年十月〜］
『日葡辞書』の Midorico の項には、「四、五歳までの幼児」と説明
されている。

5.12　海のミドリ、空のミドリ

天草版『エソポの寓話集』（→307）に、つぎの一節がある。検討の
対象とする部分以外は、漢字仮名交じりに書き換えて示す。
○ある時、野人、海辺に出て、海の midorino　和やかなを見れば
　　　　　　　　　　　　　　　　　　　　　　　　［大海と野人のこと］

『日葡辞書』の Midori の項には、このような用法が記載されてい
ないが、「池のみどり」（前節）の延長線上にあるとしたら、美しさの
描写である。現代語の感覚からはアオイ海のほうが適切であろうが、
当時のアヲイ海は、アヲウナハラにつながる恐ろしさ、気味悪さを含
意したであろう。その意味でミドリの海が「なごやかな」と形容され
ていることに注目したい。

ミドリ、アサミドリには、つぎのような用法がある。
○日は、いとうららかなれど、空はみどりに霞みわたれるほどに、
　女房の装束の、にほひあひて、いみじき織物、色々の唐衣などよ
　りも、なまめかしう、をかしきこと限りなし、

　　　　　　　　　　　　　　　　　　［枕草子・関白殿二月二十一日に］

春の盛りに日がうららかなら、日ざしはきつく感じられるほどであ
るが、空一面がミドリに霞んでいて陽光は柔らかい、という場面設定

である。うっすらとした霞のフィルタを通して見える晴れた空の色がミドリだとすると、このミドリは柔らかい感じの<u>美しい色</u>である。

　○花、盛り過ぎて、<u>あさみどりなる空うららかなるに</u>

[源氏物語・梅枝]

　これも、上引の一節と同じぐらいの季節である。日がうららかな点も共通している。そういう気持ちのよい一日に、心ゆくまで筆を揮った、という場面である。その季節に空がアサミドリだとしたら、やはり、空は霞んでいたであろう。

　柔らかな美しさということなら、前引の「海のミドリの和やかなを見れば」という表現に一脈つうじる用法である。柔らかな感じという点でミドリコにも結び付く。春の柳のアサミドリも（→510）、そういう感じの色として読むとよくわかる。

5.13　現代日本語の色名

　ここまでの検討を振り返ってみよう。

　日本語があるのに、あるいは、美しいヤマトコトバがあるのに、カタカナ語を使うのはやめようというよびかけが、新聞の投書欄などにときおり掲載されるが、それに対する反論を読んだ覚えはない。ゴモットモと聞き流しておしまいということであろう。しかし、カタカナ語をひとまとめにして、使うのをやめようとか、使ってもいいではないかとか抽象的な議論をしても実りは得られない。ひとつひとつの語について、それが使われている理由を考えてみる作業が必要である。

　この章では「青信号」という名称の是非を糸口にして問題のありかを探り、その名称が<u>日本語として</u>、きわめて自然な命名であるという帰結を導いた。

5 日本語の色名

　アオを中心に検討して、アカについての検討が手薄になったが、それぞれの言語の色名が独自の体系をもっている以上、日本語のアカと英語のredとが完全に重なるはずはない。赤信号という名称が<u>日本語として</u>正当化されるのは、その色がredだからではなく、青信号とのセットだからである。

　ヤマトコトバにアオもミドリもあるのだから、ブルーもグリーンも必要がないと、だれかが主張したら、読者は、客観的根拠をあげて、賛成したり反対したりできるであろうか。それができなければ、感情的な水掛け論にしかならない。

　改めてチェックしてみると、カタカナ語が氾濫しているようでありながら、単語の色名にはそれほど食い込んでいない。

　英語の色名が、ほぼ完全に和語の色名を置き換えてしまったのは、オレンジ（ダイダイ色）とピンク（桃色）、と、そのふたつぐらいのものである。

　翌年の花が咲いても、前年の実が落ちないので「代々（だいだい）」と名付けられ、家内繁盛の象徴になった柑橘の「橙（だいだい）」は、縁起物として正月飾りに使われてきたが、それも、いつのまにか大きなミカンに置き換えられて、ダイダイは、ほとんど姿を消してしまい、あとに残されたのは、ダイダイ色という、実物の裏づけがないおかしな感じの色名であった。柑橘のダイダイが縁遠くなり、かわりにオレンジがたくさん目に付く環境に変わったのであるから、色名もオレンジに切り替わるのは自然の成り行きである。

　モモイロは桃の花の色である。バラと言えば花をさすから、バラ色が花の色であることは自然である。それに対して、リンゴ、ナシ、ミカン、モモなどは、果実をさすのがふつうであるのに、モモの果実は

鮮やかなモモイロではない。中国と違って、日本では、咲きそろった桃の花を観賞する習慣はない。モモイロが果実の色でないことの不自然さは、ピンクを導入することによって解消された。

英語の pink はナデシコのことで、色名はその花の色である。花を鑑賞する植物であるから、この色名は英語として自然である。しかし、カタカナ語のピンクは、事物と結び付かない単純な色名である。

英語の色名 peach は、赤みがかった黄色をさす。イエローピーチの果皮の色で、モモイロのように華やかな感じはない。アメリカで購読していた新聞は、スポーツセクションがピーチページであった。試みに手元の英和辞典で peach を引いてみたら、「桃色、黄みがかったピンク」[『リーダーズ英和辞典』第2版・研究社・1999] となっていた。コンマを挟んだ訳語の意味を、利用者はどのように読み取るであろうか。「桃色」は、英米の辞書の機械的な翻訳であろう。

「鼠色(ねずみ)」、「灰色(はい)」はイメージがよくないので、衣服の色などではグレーが優勢になっている。しかし、曇り空の色も、疑惑も、灰色であってグレーではない。

ベージュは羊毛の色である。それに対応する日本語の色名はなかった。英語 beige もフランス語からの借用語である。この色名がファッション関係から出て広まることはなさそうである。

軍服などのカーキには、筆者の少年時代、オード色という名があったが、それが「黄土色」であったと頭にひらめいたのは、ずっと後になってからである。

現代語のミドリは色名になっているので、カタカナ語のグリーンを日常の色名としては必要としない。グリーンは、洋服の色やゴルフ場の芝生などに限定されている。衣類の色に、アオ、ミドリでなく、ブ

ルー、グリーンが好んで用いられるのは、ファッションのセンスに関わるからである。

　ブラックも、色名としては必要がないので、コーヒーや（ネク）タイなどに、また、レッド／ホワイトは、もっぱらワインなどに、というように、用法が狭く限定されている。イエローは、事実上、単独のカタカナ語として使用されていない。

　以上は単語の色名であるが、合成された色名として、サーモン・ピンク、ワイン・レッド、オーシャン・ブルー、レモン・イエロー、モス・グリーンなどが、消費者の夢を刺激するイメージカラーとして、ファッション関係や、乗用車の色などに盛んに使用されている。化粧品の商品名などと原理は同じである。

5.14　キからキイロへ

○野に出でよ野に出でよ

　稲の穂は<u>キニ</u>実りたり　　［島崎藤村『落梅集』「労働」（朝）］

詩集には「黄に」と表記されているが、詩を読まずに歌を聞けば、稲の穂が木に実ったとはどういうことだろうと、すくなくとも一瞬は困惑するであろう。曲ではキニの部分が高くなっているので、なおさらである。誤解されるのが当然であるから、口頭言語では、このような表現が自然に回避される。

「夕焼け小焼けのあかとんぼ、<u>オワレテ</u>見たのは、いつの日か」（注）などと同じように、この詩も、視覚的に理解されることを前提に作られている。

　平安時代の仮名文には、連体形「黄なる」が散見する。

○<u>黄なる</u>生絹(すずし)の単衣袴(ひとへ)　　［源氏物語・夕顔］

○白き色紙、青き表紙、<u>黄なる</u>玉の軸なり」　［源氏物語・絵合］
○風のいと騒がしく吹きて、<u>黄なる</u>葉どもの、ほろほろとこぼれ落
　つる、いとあはれなり　［枕草子・風は］
○畳は、高麗縁(かうらいばし)、また、<u>黄なる</u>地(じ)の縁(はし)　［枕草子・畳は］
○<u>黄なる</u>紙に(に)丹して、濃く、うるはしく書かれたり　［更級日記］

　連体形「黄なる」があれば、当然、連用形「黄に」もあるはずだと考えるとしたら、それは、実際の運用を考慮に入れず、活用表だけで考える国文法病である。

　書記テクストに「黄に」が出てこないのは、探しかたが足りないからではない。「キナル、ハドモ」は「黄なる葉ども」と理解できるが、「キニミユル、ハドモ」となると、「木に〜」と理解されてしまうので、「黄に」は使われていなかったからである。

　繰り返し指摘するように、コトバは、話された順序を追って理解される。それを言語の線状性という。「キニ」と聞こえたら反射的に「木に」と理解する。

　国文法は演繹的な規範文法（→503）であるから、未然形をもとにして活用型を判別し、六つの活用形を活用表に埋めてしまう。しかし、現実に話されることばに基づく記述文法の立場では、「黄なり」の連用形が空欄になる。

　中世になると活用形に体系的変化が生じて、「黄なる」も使えなくなった。連体形語尾ナルが<u>ナ</u>に移行したからである。

　読者は、もはや、ナル＞ナという変化を、「発音の便宜」のために、末尾音節ルが脱落したなどとは考えないであろう。

　この変化が生じたことによって、「静か・ナル／ニ」、「うららか・ナル／ニ」という、均整の取れないふたつの活用形が、「静か・ナ／

ニ」、「うららか・ナ／ニ」というきれいなセットに整えられたことに注目すべきである。あらゆる言語変化にはゴールがあることを、ここでも確認しておきたい。しかし、この変化によって「黄なる」も「黄な」になり、この語にとってはそれが命取りになった。「黄なる」には活用語尾が2音節あったので使えたが、「黄な」に変化したことによって、「黄に」と不利な条件が同じになったからである。「異な」も同様であるから「それは異な事を承る」というたぐいの、演劇の成句に残存しているだけである。

炒った大豆の粉は「黄な粉」になったが、「黄な」が失われたために、語構成が不透明になった。

「稲の穂はキニ実りたり」が「黄に」ではなく、反射的に「木に」と理解される理由は、以上の検討によって明らかである。

「黄に実りたり」の「黄に」は、文語文法の活用表に基づいて演繹的に作り出された連用形であって、日本語の体系に最初から欠落していた語形である。

欠落にはふたつの種類がある。

(1) 偶発的欠落 (accidental blank)……たまたま、その語形が使われていないだけの欠落。
(2) 体系的欠落 (systematic blank)……その語形があると体系の運用に妨げになるために使われていない欠落。

「黄に」は最初から体系的欠落であったが、「黄なる」は、「黄な」に変化したことによって体系的欠落になった。

「稲の穂は黄に実りたり」というこの事例は、正しいコトバの規範が演繹的に設定されてはならないことを教えている。

「静かなる＞静かな」、「かすかなる＞かすかな」、「黄なる＞黄な」

という体系的変化が生じた時期には、「静かなる海」と言わずに「静かな海」と言う人たちがしだいに増えてきたはずである。古い世代の人たちは、そういう誤まった言いかたに少なからぬ抵抗を感じたに相違ないが、意味の取り違えは起こらなかった。

　語形Bは語形Aの誤まりだと断言できるのは、語形Bの意味を確実に理解できるからである。意味が理解できなければ、「コレルと言わずにコラレルと言え」と腹を立てることはありえない。

　一般に、言語変化は、同じ時期に生活する言語共同体のメンバーの間で意思が疎通しなくなるほどのスピードでは進行しない (L. Bloomfield)。

　「黄に」が最初から使われなかったことにも、また、「黄なる」が「黄な」に変化して姿を消したことにも当然の理由はあった。しかし、日本語の語彙に、その色をさしたり、その色であることを示す語はなければならなかった。

　不可欠の色名が欠落した状態を巧みに救ったのは、色名であることの指標として接尾辞イロを沿えたキーロであった。『具象名詞＋イロ』という色名は古くからあったが、キーロのキは具象名詞ではなく、色だけを喚起する語であった。

　仮名文学作品には、衣服の色が、アカ、アヲ、シロ、クロを除いて、つぎのように、「萌葱（萌黄）」、「朽葉」、「青朽葉」など、その色をした事物に引き当てたり、「紫」、「つるばみ」、「蘇芳」など、染色の名によって表現されている場合が多い。

　　○容貌をかしき童べの、やむごとなき家の子どもにて、青き、赤き、
　　　白つるばみ、蘇芳、えび染めなど　　［源氏物語・藤裏葉］

　「朽葉」は腐った落ち葉であり、「蘇芳」は樹木の名、ツルバミはド

ングリである。頻用度の低い色名に、色名の指標が欠けていることは、効率的伝達にとって不都合であったが、衣服の色に限られていたために、不都合を来たさずにすんだのであろう。

【注】 アカトンボの歌……〇「夕焼け小焼けの赤トンボ、オワレテ見たのはいつの日か」。この童謡は、当時のアクセントそのままに作曲されており、日本語を大切にした歌の模範として知られている。作曲された当時、「赤トンボ」のアクセントは、語頭音節が高いアカトンボだったので、歌でもそのとおりになっている。現在のアクセントはアカトンボに変化しているが、東京方言の話者がアクセントの違いに戸惑うことはない。多くの地域方言では最初からアクセントが違っていた。この事実は、日本語を大切にするとは、どういうことであるかを改めて考えさせる。〇問題は、そのあとのオワレテにある。耳で聞けば、「追ワレテ」と理解するのが順当である。この文脈なら、赤トンボが人に追われ、逃げた先でなにかを見たことになるが、なにを見たかはわからない。「追ワレテ」ではなく「負ワレテ」だ！　と瞬時にはひらめかないし、ひらめいたとしても、考えている間に歌は先まで進んでいる。〇もはや歌われないのかもしれないが、浦島太郎の歌で、玉手箱を「開いてみれば、コワイカニ」を、子どもたちは「怖い蟹」と理解したという。「此は如何に」と幼児にわかるはずない。これは、近代日本の名歌に共通する難点である。大切にすべき日本語は、文字に置き換えられた形骸ではなく、聴覚的に理解できる生きた日本語でなければならない。

5.15　形容詞キーロイの形成

単音節のキでは、あとにニやナを添えた「黄に」、「黄な」を使うことができないが、「黄色」にすれば「黄色・ナ／ニ」になるから、「静か・ナ／ニ」と同じように使うことができる。ただし、「キーロになる」は、いちおう、「キレーになる」と同じように使えるが、「キーロ

な花」は不自然さを感じさせる。名詞「色」に<u>ニ</u>は後接するが、名詞にナは後接しないからである。「キーロ<u>の</u>花」にはそういう違和感がないが、それでは、均整の取れたナ／ニのセットが崩れてしまう。

きわめて頻繁に使用される活用語は、独自の活用をもっているほうが運用しやすい。動詞スル（＞ス）、クル（＞ク）や古代語動詞アリ、ナリなどはその例であるし、英語の不規則動詞なども同様である。しかし、それほど頻繁に使用されない活用語は、活用の類型に合致していないと使いにくい。「黄色の」は、その点でも都合が悪かった。

その不都合はキーロを語幹とする形容詞キーロイを形成することによって解決された。キーロイ／キーロクテモ／キーロケレバなどの結合では、名詞「色」が、不透明ではないにしても半透明になった。

キーロイは、『黄色＋形容詞語尾イ』ではなく、語幹から析出されるのは「黄」だけである。その感覚を表記に反映させれば、「黄色い」ではなく「黄いろい」である。

このようにして、「黄」を表わす色名と、「黄」であることを表わす形容詞が安定した語形で日本語の語彙に確保された。その過程をつうじて、いわゆる形容動詞「黄なり」は形容詞キーロイに変身した。形容動詞よりも、形容詞のほうが使いやすいことは、「まろなり」がマルイに、「四角な」がシカクイに移行していることからも明らかである。

5.16　チャイロ、チャイロイなど

キイロ、キーロイに平行する語形としてチャイロ、チャイロイも形成されている。

現代語チャイロに相当する社会的に安定した色名が古くからあったことを、筆者は知らない。上引の「朽葉」などは、そのひとつであろ

うが、日常的な語であったとは考えにくい。

ヘボンの『和英語林集成』初版（美国平文（J. C. HEPBURN）先生編訳・1867）のCHA-IRO（チャイロ、茶色）の項にはTea-color. と注記されている。文字どおり「茶の色」である。CHA（チャ、茶）の項にはTea. と注記されているが、示された用例はすべて緑茶に関わるものであるから、Tea-color. は褐色系でなく緑褐色系であろうか。

この辞書の英和の部には、BROWNの訳語としてKuri-iro. が示されている。逆にKURI-IROの項を引くと、Chestnut color. と注記されており、Brown. はない。この辞書は2回にわたって改訂増補されているが、1886年の第3版でも、これらの項目は実質的に変わりがない。馬の毛色の名「栗毛」は平安末期の用例があるが、「栗色」の用例は近世になってからのようである。

明治初期にはチャ（茶）という色名がふつうに使われているが、ヘボンの辞書の「茶色」との関係は明確でない。

チャも単音節であるが、キと違って紛らわしい同音異義語がなかったから、体系的欠落にはならなかった。チャという音節は、活写語を除けば唐音の語にしかなかったからである。「茶」も唐音である。

古くからの漢語で、「茶」の字音は、「喫茶」、「茶道」のようにサであった。唐音とは、中世以後、禅僧などによってもたらされた新しい南方系の漢字音である。呉音、漢音に対する名称で、唐の時代の発音という意味ではない。

色名はチャであり、チャの色をした物は「チャの〜」で意味がつうじたから、ひとまずそれでよかった。ただし、「ナ／ニ」の修飾語が形成できず、単音節語に共通の不安定さがあったことも否定できない。その不安定さを解消するために、キーロ（黄色）に合わせたチャイロ

が形成され、さらに、形容詞チャイロイが形成された。

5.17　紺青

すでに見たように、古代日本語に明暗と濃淡とを表わす語はあったが、色名らしい色名はなかったようである。しかし、それは、古代の日本語話者が色彩を細かく識別する能力に欠けていたり、色彩に鈍感であったからではない。

人間は与えられた語彙の、与えられた用法だけでコトバを運用しているわけではない。目のさめるような美しい色を表現したいのに適切な語がなければ、いちいち、そのための新しい語を作ったりせずに、既成の語彙のなかで表現を工夫する。筆舌に尽くし難いとは、ことばによる表現には限界があるという意味であって、表現に必要な語が不足しているという意味ではない。

中国文化との濃密な接触にともなって、中国語から大量の語が借用され、漢語として定着した結果、和語だけが日本語であった時期とは比較にならないほど語彙が豊富になった。

国語辞典では、澄んだ青空のような色がアオの典型とみなされているが（→504）、先に指摘したように、それは、近年になってからのことである。

『和英語林集成』の SORA-IRO の項には A sky-blue color と注記されている。これは、まさに現行の国語辞典の認識に一致しているが、「空色」という語がいつの時期まで遡るかは疑問である。

○雪、みぞれ、かき乱れ、荒るる日、（略）御使ひたてまつれ給へり、ただ今の空を、いかに御覧ずらむ、

　　降り乱れ　隙なき空に　亡き人の　天翔けるらむ　宿ぞ悲しき

5 日本語の色名

　<u>空色の紙の曇らはしきに</u>、書いたまへり　［源氏物語・澪標］

　この用例を引用して、「空色」の意味が「晴れた空のような色。薄青い色」［『岩波古語辞典』］と説明されているが、この「空色」は色名ではなく、文脈から明らかなように、折からの空の色に合わせた暗い色の料紙を選んで、暗い内容の和歌を書いたと理解すべきである。他の巻の同じような場面には「空の色」と表現されている。したがって、これは、晴天の色を表わすソライロの古い例ではなく、逆に、当時、特定の色をさすソライロという語がなかったことの証拠である。

　『和英語林集成』の Aoi の項には、整備された第 3 版でも、Light green or blue ; pale green ; unripe ; immature ; inexperienced.（淡緑色またはブルー、淡い緑、未熟な、未成熟の、経験不足の）と注記されており、ブルーの影は薄い。

　輝くように濃厚なブルーには、「紺青（こんじょう）」が古くから用いられている。「紺青」は顔料の名称であるから、つぎに引用する諸例も、美しい絵を思わせる。

○皮衣（かわぎぬ）を見れば<u>金青（こんじょう）の色なり</u>　［竹取物語］

　　※探してくるように言われた「唐土（もろこし）の火鼠の皮衣」だと偽って持ってきた偽物（にせもの）の、色の形容。「金青」は「紺青」の宛字であるが、燦然と輝く感じを表わしている。

○やうやう日は山の端（は）に入りがたに、光のいみじう射して、山の紅葉、錦を張りたるやうに、<u>鷹（たか）の色はいと白く、雉（きじ）は紺青のやうにて、羽（はね）うち広げてゐて候らひしほどは</u>　［大鏡・昔物語］

　　＊「紺青」は、キジの羽の金属的な濃い青色。

○九月（ながつき）の晦（つごもり）、（略）遠山をながめやれば、<u>紺青を塗りたるとかいふやうにて</u>、あられ降るらしとも見えたり　［蜻蛉日記・天暦二年］

○富士の山はこの国なり。(略) その山のさま、いと世に見えぬさまなり。さま異なる山の姿の、<u>紺青を塗りたるやうなるに</u>、雪の、消ゆる世もなく積もりたれば、色濃き衣に白き衵(あこめ)着たらむやうに見えて　［更級日記］

○川上より、頭(かしらふたいだ)二抱きばかりなる大蛇の、目は鋺(かなまり)を入れたるやうにて、背中は<u>紺青を塗りたるやうに</u>、頸(くび)の下は紅(くれなゐ)のやうにて見ゆるに　［宇治拾遺物語・巻九・一］

平安時代、漢語としての「紺青」の語形は、和語の語形と特徴的な違いがあった。日常的に使用する色名としては漢語よりも和語のほうが自然であるが、上引の諸作品における「紺青」は、いずれも、和語の色名にない鮮やかな原色のイメージである。つぎに引用する「金色(こんじき)」も同様である。

○仏の御丈(たけ)、六尺ばかりにて、<u>金色に光り輝き給ひて</u>　［更級日記］

「紺青」や「金色(こんじき)」などの漢語は、和語の色名を補うために古い時期に導入された。「金色(きんいろ)」、「銀色(ぎんいろ)」、「赤銅色(しゃくどう)」などは、それらよりも新しい漢語であるが、いずれも古めかしい感じである。「コバルトの空」は、「紺青の空」に新しい息を吹き込んだ表現であろう。

5.18　個別の事象を体系のなかに位置づけて捉える

今の日本語はおかしくなっているという意見が、いわゆる有識者からも大衆からも、断続的に提起される。公的に設置された国語審議会も、そういう認識を基本にして、さまざまの問題を審議し、つぎつぎに答申をまとめてきた。

提起された問題にそのまま反応して、どうしたらよいのだろうと考え込むまえに、問題提起のありかたをみると、それらは、つぎのふた

つの類型の、どちらかに属している。
 (1) 一括型……敬語が乱れている。カタカナ語が乱用されている。若者のことばづかいが汚くなっている。ことばをなんでも省略する。イントネーションがおかしい。
 (2) 個別型……「〜させていただきます」の乱用はいやらしい。他人の前で自分の母親を「お母さん」と言う。「来られる」、「出られる」を「来れる」、「出れる」と言う。「耳ざわり」や「気のおけない人」などの意味を取り違えて使っている。

　前述したように、一括型で提起された問題をそのまま議論しても実りある帰結は得られない。また、個別型で提起された問題を個別のまま解決しても、つぎからつぎへと新しい問題が出てくるだけであるから、むなしいモグラ叩きを無限に繰り返すことになる。

　我々の課題は、個別の問題をどのような視野から捉え、どのように考えたら、事の本質に迫ることができるかである。

　この章では、「青信号」という名称の是非から出発して、筆者なりの立場で検討を加えてきたが、ひとまず概観を終えたこの段階で、検討の経過と、検討から得られた結果とを整理してみよう。

　日本語の膨大な語彙のなかから、吹けば飛ぶようなひとつの語を取り上げて、その語についていろいろと詮索し、ひとまず帰結を導き出してみても、所詮、たまたま頭を出したモグラを叩いたにすぎない。コトバのモグラはいくらでもいるし、新しく生まれてくるから、不毛な戦いに振り回されるだけである。

　我々にとって大切なのは、目に付いた一匹のモグラを追い詰めて捉えるだけでなく、そのモグラのネグラを突き止めることである。すなわち、検討の対象とするコトバを体系のなかに位置づけて捉えること

である。

　時計から歯車をひとつ取り出して細かく観察したり精密に測定したりしても、その歯車が時計のどの部分に組み込まれ、どの歯車と嚙み合って動いているかを無視したのでは、歯車を調べたことにはならないし、すべての歯車を別々に調べあげても、時計のメカニズムはわからない。

　筆者が「青信号」の例を取り上げたのは、個を個として捉えたのでは事の本質が解明できないことを実践的に示す材料として、最適の事例のひとつであると考えたからである。

　青信号には、それと一対で機能する赤信号があるから、すくなくとも、アカ／アオのセットで捉える必要がある。投書者が、すぐに筆をとらず、赤紫蘇／青紫蘇のセットに目を配る余裕があったなら、現代日本語が長い伝統の上に築かれていることを鮮烈に感じ取ることができたかもしれない。

　車両用の交通信号なら、中間に、もうひとつ信号がある。「赤信号」、「青信号」に合わせて命名すれば「黄信号」になるであろうが、そのようにはよんでいない。信号を色だけでよぶときは、アカ、アオ、キになりそうなのに、キーロと言う。もしも信号が紫色なら、色の名前をふだんはムラサキイロと言っていても、この場合は、アカ、アオ、ムラサキと言うはずである。こうなると日本語の色名が全体としてどうなっているかを調べてみないと、うっかりしたことは言えなくなる。

　青信号だけでなく交通信号をセットにして捉えてみれば、このようにナゼ？　が広がって、日本語の色名の体系にまで問題が発展する。もとより、その先に、もっと大きな問題が控えているが、さしあたり、この章では色名だけに絞って考えた。

5 日本語の色名

　筆者が強調したことのひとつは、問題を処理するには適切な手順を踏まなければならない、ということである。

　この場合には、まず、①アオとはどういう語であるかを、アカとの関連において解明し、つぎに、②語形の違いを考慮にいれながらキ／キイロという語を解明し、そのうえで、③日本語の色名の体系について考えるという、ボトムアップのアプローチ（接近）をとるのがよいと筆者は判断した。直接に考察の対象とする語の周りを見回し、さらにそのまわりに目を配るという手順である。その結果、漫然と考えただけでは気づかない事柄を少なからず見いだすことができた。

　この章では、コトバとしての色名を検討の対象としたが、それぞれの色名と、その色名によって喚起される具体的な色との対応関係に注意した。アヲが気味の悪い色として、ミドリが柔らかく美しい色としてイメージされてきたという、それぞれの色名の含みも明らかになった。検討の結果を総合することによって、日本語史の立場から、色名と色との対応関係が、どういう理由でどのように変化してきたか、その大筋を把握することができた。

　どの言語でも、まず、明暗を表わす語が色名の出発点になっているが（→507）、日本語の場合、中核になったのが、明暗と濃淡とを表わす四つの語であったから。色名という語を手放しには使えない。このように特異なシステムが現代語にも確実に根をおろしていることの背景には、文献時代以前からの長い歴史がある。

　世界の諸言語を調査して導かれた、色名の進化過程に関するバーリン=ケイの法則と大きなズレを見せるのは、調査の対象とされた諸言語のなかでは日本語だけのようにみえる。その事実は、日本文化が特殊であり、日本語は世界に類のない特殊な言語であるという、通俗日

本語論を強力に支持するかのようにみえる。しかし、それは、幻の特殊性にすぎない。

　日本語が特殊な言語かどうか、また、特殊であるとしたら、どういう点がどれほど特殊であるか。それを判定するためには、標準的言語と比較する必要がある。しかし、そのような言語はどこにもあるはずがない。

　日本語の特徴や特殊性を指摘する場合、必ず引き合いに出されるのは英語である。それは、たいていの日本語話者にとって、事実上、唯一の外国語が英語だからである。「ヨーロッパ語」を観念的に仕立て上げて、当然のように英語をその代表格に据えてしまうが、その場合の「ヨーロッパ語」とは、初級の学校英語であるか、さもなければ、せいぜい、それに、ドイツ語やフランス語の初歩的知識が加味された架空の言語である（→304の注2）。

　世界中でいちばんよくつうじるのは英語であるから実用性は高いが、言語として標準的構造をもっているわけではないし、だれにとってもいちばんわかりやすい言語でもない。日本語が現在の英語の地位を奪ったとしても、日本語が標準的言語になり、英語が特殊な言語になるはずはない。

　ユニークということなら、どの言語もそれぞれにユニークである。日本語について考える場合に大切なのは、その特殊性が日本語の体系を効率的に運用するうえでどのような意味をもち、また、それぞれの構成要素がそういう体系のなかでどのように機能しているかを明らかにすることである。

5 日本語の色名

【補注・506】 ア<u>カ</u>:ア<u>ヲ</u>は語頭音節の一致によって、また、シ<u>ロ</u>:ク<u>ロ</u>は語末音節の一致によって、それぞれ、ふたつの語形がセットになっている。これらの色名も、それらに対応する形容詞も、アカシ:*アワシ、シ<u>ル</u>シ:ク<u>ラ</u>シから派生したとすれば、母音の転換によって、対比的な色名が対比的な語形をもつように整備されたとみなすべきである。

【補注・507】 <u>青鉛筆</u>……青鉛筆は赤鉛筆とのセットとしてふつうの鉛筆と対比されるが、緑色ではないから、その意味で例外になる。外国から導入された、実用に基づくブルーとレッドとの2色セットが、伝統的なアカ／アオのセットに当てはめて捉えられたのであろう。黄鉛筆、茶鉛筆、緑鉛筆などとは言わないから、色はブルーであっても、<u>日本語として</u>、青鉛筆は、やはり、赤鉛筆とのセットである。

6

書記テクストと対話する

6.00 書記テクストの声に耳を傾ける

　録音機器を手近に利用できるようになったのは、日本語の長い歴史からみればごく最近のことであり、それ以前に話された日本語は、発話された瞬間ごとに消滅してしまった。文献時代以後の日本語も、書記テクストから、その一端をうかがうことができるにすぎない。

　<u>書記テクストの目的は事柄を記録することであって、言語を正確に記録することではない</u>（『日本語書記史原論』）。

　言語を媒体として事柄を記録した書記テクストからその背後にある言語を、できるだけ歪みの少ない形で取り出すためには、洗練された理論に基づいて適切な方法が策定されなければならない。方法が正しくなければ、あるいは、方法が策定されていなければ、テクストに振り回されて、不思議な日本語が導き出される可能性がある。不思議とは、そういうコトバで効率的な情報伝達が可能であるとは考えられないという意味である。

　書記テクストから、その時期のありのままに近いコトバを引き出すには、それを記録した人物の声に注意深く耳を傾ける姿勢で臨む心がけが必要である。知りたいことがあれば、伺いを立てればよい。それ

6 書記テクストと対話する

を研究の方法とよべるかどうかはともかく、筆者は、これまで、書記テクストと対話する姿勢を貫いてきたし、対話をつうじて知りえた事柄を論文や著書にまとめて世に伝えてきたつもりである。本書もまた、そういう聞き書きの一つである。書記テクストを、人間の介在しない無機的な資料として処理する研究姿勢を筆者は好まない。そういうアプローチから、しばしば、非現実的な日本語が引き出される。

ここで告白すれば、このような文章を書く過程で、いちばん気が咎めるのは、用例を引用することである。叙述の流れのなかから一部分だけを切り取ったら赤い血がほとばしる。和歌なら短いから血が出ないだろうというわけにはいかない。丹念に編纂された歌集のなかで、個々の和歌は流れのなかに位置づけられているからである。詞書を切り離すことは許されないし、固有名詞はともかく、男性の作か女性の作かは、解釈を大きく左右する場合がある。特に「恋」の部の「詠み人知らず」は、しばしば作者の性別を隠す手段になっている[『古典和歌解読』]。たとえば、和歌の用例に基づいてアヲヤギの意味を解明するのに十ページぐらいは必要なのに、数行で済ませなければならないので（→510）、和歌はなるべく引用したくない。用例を引用するのは必要悪だと筆者はあきらめている。そういう制約のなかで、文脈が把握できる最小限を切り取ったものであるから、用例のトバシ読みをしないでいただきたい。

書記テクストの目的は、必要な情報を、いつでもアクセスできるように記録しておくことである。記録の媒体として利用されるのは言語であるが、情報さえ正しく復元できるなら、記録の媒体となった言語が正確に復元できる必要はない。

書記テクストを資料にして、それが書かれた時期のコトバを復元し

ようとする場合には、その書記テクストがどのような目的のもとに記録されたかを知らなければ適切に利用することはできない。

　辞書の説明に誤まりはないと頭から信じ込んでいる人たちが多いのは、国語科の授業で、そういう暗黙の前提のもとに指導された後遺症かもしれない。大学の入門的な講義で、著名な出版社の国語辞典の見開きをコピーし、明白な誤りや、意味不明の解説をいくつも指摘すると、学生諸君の顔には明らかな戸惑いが表われる。

　コトバの正誤について議論になれば、権威ある辞書の解説を決め手にする場合が多いが（→504）、残念なことに、国語辞典や古語辞典は概してレヴェルが低い。きわめて低いものも少なくない。項目ごとの質的なバラツキも大きい。古典文学作品の注釈書も、一部の例外を除けば、古語辞典と五十歩百歩である。

　辞書や注釈書にどんなデタラメが書いてあっても人命に関わらないので社会問題になることはなく、歴史教科書と違って国際問題にも発展しないから、野放し状態にある。筆者は、その事実を、日本語史研究の立場から、具体例をあげて繰り返し指摘してきた。

　ひたすら注釈書に頼り、辞書を信じてきた、あるいは、頼るように訓練されたり、信じさせられてきた読者には、改めて検証する手続きが煩わしく感じられるかもしれないが、過去の日本語の意味や用法がどのようにして推定されているかを知らずに、結論だけを鵜呑みにするのは危険である。日本語の歴史を、そして、現に話されている現代日本語を的確に把握するためには避けて通れないない道である。

　筋道は簡単である。考えかたの筋道を理解すれば、巷（ちまた）にあふれる、ぬるま湯に漬かったようなマヤカシじみた日本語史や日本語論に振り回されずに、日本語の実像に迫ることができるはずである。

6　書記テクストと対話する

前章の考察を承けて、この章では古典的な色名を取り上げる。

6.01　クレノアキ

前章に引用した『宇治拾遺物語』の一節に、「大蛇の（略）背中は紺青を塗りたるやうに、頸の下はくれなゐのやうにて見ゆるに」（→517）と描写されていた。

クレナキが鮮やかな赤色であることは確かであるが、「背中は紺青を塗りたるやうに」と対比された、「頸はくれなゐのやうに見ゆるに」という表現は、どのように読み取るべきであろうか。「紺青」は漢語であり、クレナキは和語である。

まず、クレナキという語形について検討してみよう。

平安中期に、kurenawi＞kurenai という変化が生じて、語末音節がキ［wi］からイ［i］に移行したために、現代語の語形はクレナイになっている。現代語のクレナイは雅語、あるいは詩語であり、口頭言語のアカ、またはマッカに当たる。こういう文体的な偏りがあることには、それなりの歴史的事情があるに相違ない。

和語の形態素は、たいてい単音節か2音節であるから、クレナキは複数の形態素が結合した語形に相違ない。ただし、つぎに例示するように、文献時代の最初からクレナキという語形で使われているので、語構成分析は推測によらざるをえない。

○竹敷(たかしき)の　うへかた山は　紅の（久礼奈為能）　八入(やしほ)の色に　なりにけるかも　　［万葉集・巻十五・3703］

○雄神河(をかみがは)　紅匂ふ（久礼奈為尓保布）　処女(をとめ)らし　葦付(あしつ)き採(と)ると　瀬に立たすらし　　［万葉集・巻十七・4021］

　＊「葦付き」は食用にした藻類の一種。「処女らし」の「し」は強意の助詞。

『和名類聚抄』(二十巻本・巻十四・染色具)(→205)に、つぎの項目がある。

〇紅藍　辨色立成云、紅藍久禮乃阿井、呉藍同上、本朝式云紅花俗用之

『辨色立成』は、日本で編纂された簡便な漢和辞書である。それには、「紅藍」という語に「久禮乃阿井」(クレノアヰ)という注記があり、また、「呉藍」にもそれと同じ注記がある。日本で編纂された『本朝式』では漢字表記が「紅花」になっている。ふつうには「紅藍」でなしに「紅花」という表記が使用されている、ということである。

『和名類聚抄』では、この項目が「染色具」の部類に置かれている。「紅花」と書くのがふつうであったのは、紅色の染料とする紅花を採取するための植物だったからである。

平安初期に深根輔仁によって編纂された『本草和名』に、「久礼乃〜」を冠した和名を添えた、つぎの4項目が採録されている。「本草」とは、中国医学で使用する植物、動物、鉱物などをいう。特に植物が多い。

〇乾薑　(略)　和名久礼乃波之加美　[第八巻]　　クレノハジカミ
〇懐香子　(略)　和名久礼乃於毛　[第九巻]　　クレノオモ
〇高涼薑　(略)　和名加波祢久佐、一名久礼乃波之加美之宇止　[第九巻]　　クレノハジカミノ-ウド
□紅藍花　(略)　和名久礼乃阿為　[本草外薬七十種]
　　　　　　　　　　　　　　　　　　　　　クレノアヰ

ほかに、「久礼」のあとに助詞ノがない和名がひとつある。

〇竹葉芹、竹葉　(略)　和名久礼多介　[第十三巻]
　　　　　　　　　　　　　　　　　　　クレタケ

6.02　国語辞典、古語辞典の説明

『万葉集』に出てくる語形はクレナヰであり、字書や本草書に記録されている語形はクレノアヰである。

クレノアヰとクレナヰとは、どういう関係にあったのであろうか。

すぐに思いつくのは、クレノアヰ＞クレナヰという縮約である。類例の多い縮約のパターンであるから、ほとんどすべての古語辞典や大型国語辞典には、「くれなゐ」、「くれない」の項に、原形と縮約形との関係であると決めつけて解説されている。

小型国語辞典にも、「くれない」の項に、つぎの解説を加えたものがある。

○［もと、呉（クレ）の国から輸入された藍（アイ）の意］㊀ベニバナの古名。㊁あざやかな赤色。まっか。　［『新明解国語辞典』］

カッコ内の注記は現代語クレナイを理解するうえで助けにならず、無用の疑問を残すだけである。この辞書の項目に「くれ（呉）」がないために辞書のなかで解決できないだけでなく、アイ色とは似ても似つかない鮮やかな赤色が、どうして「藍」とよばれたのか理解できないからである。

現代語辞典に、起源についての中途半端な説明は不要である。それよりも、クレナイが雅語であること、そして、この語が使用される文体はマッカが使用される文体と異なることを指摘すべきである。古語辞典や国語辞典にこういう独りよがりのノイズがタレナガシになっているのは、利用者の役に立つ辞書が目指されていないからである。

国語辞典ではないが、つぎのような説明もある。

○紅（くれない）　鮮やかな赤。語源は「呉の藍」で紅花のこと。「呉」とは、中国南北朝時代の国名「呉」で、日本では中国一般の称ともなっ

た。「韓藍」から「からあゐ」ができたように、kurenoawi →kurenawi と変化して、「くれなゐ」が生まれた。紅花を染料とする色をさすところから、色彩名に転じたもの。(略)

[『暮らしのことば・語源辞典』講談社・1998]

「呉」については簡略に説明されているが、中国の藍が鮮やかな赤である理由は依然としてわからないし、この解説は、さらに新たな疑問を誘発する。

(1) 「中国一般」をさすカラとクレとはどう違うのか。
(2) カラアヰとクレノアヰ、クレナヰとは、どのような関係にあるのか。
(3) 「韓藍」から「からあゐ」ができたように、ということなら、期待されるのは助詞ノが挿入されない kureawi（クレアヰ）であるから、「くれなゐ」が<u>生まれた理由の説明にならない</u>。
(4) カラアヰはアヰが露出した語形で残ったのに、どうして、クレナヰはアヰが析出されない語形になったのか。

6.03　カラアヰ、クレノアイ、クレナヰ

前節に引用した語源辞典に、クレナヰとの関連で言及されていたカラアヰについても概観しておこう。

『万葉集』につぎの作品がある。

○秋さらば　うつしもせむと　我が蒔きし　韓藍の花を　誰か摘みけむ　［巻七・1362・比喩歌・寄花］

秋になったら、移し染めにしようと種を蒔いておいた「韓藍」の花を、いったい、だれが摘んでしまったのだろう、ということである。表音的表記ではないが、「韓藍」はカラアヰと訓じてよさそうである。

6 書記テクストと対話する

○隠(こも)り庭　恋ひて死ぬとも　御園生(みそのふ)の　鶏冠草花の　色に出(い)でめやも　［巻十一・2784・寄物陳思］

人目を忍ぶ恋であるから、たとえ恋死にをすることになっても、「鶏冠草」の花のように、はっきり人目に立つようなことはしない、ということである。

「鶏冠草」は、花の形か、その色か、あるいは、形も色も鶏のトサカに似ているので、そのように命名されたのであろう。

『本草和名』につぎの項目がある。

○鶏冠草　和名加良阿為　［第十九巻・本草外薬七十種］　カラアキ

これを根拠にすれば、『万葉集』の「鶏冠草」、「韓藍」は、ともにカラアキである。クレノアキに並行するカラノアキという語形は見いだせない。

多くの辞書では「からあゐ」に「韓藍」という漢字を当て、意味をふたつに分けている。①は、「鶏頭」、「鶏頭の異名」、「鶏頭の古名」などで、用例には『万葉集』の「韓藍」、「鶏冠草」と『本草和名』とがあげられている。②は「美しい藍色」で、どの辞書も、つぎの用例を引用している。

○　　　寄衣恋の心を　　　　　　後京極摂政前太政大臣
　我が恋は　大和にはあらぬ　からあゐの　八入の衣(やしほころも)　深く染めてき　［続古今集・恋二・1111］

「からあゐの八入の衣」とは、カラアキの染汁に何度も何度も浸して染めあげた衣である。

この和歌を根拠にして、カラアキが「美しい藍色」をさしているとは認めがたい。なぜなら、「美しい藍色」は、燃えるような恋心にふさわしくないからである。それは、日本に限らず、事実上、万国共通

の感覚であろう。

　この和歌の「からあゐの」を「くれなゐの」と置き換えても、喚起される色は同じであった。しかし、クレナヰは、この語形として色名であったから、「大和にはあらぬ、くれなゐの」と表現したのでは、日本のクレナヰと違う色のクレナヰを意味することになる。それに対して、カラアヰは〘カラ＋アヰ〙という語構成が透明であったから「大和にはあらぬ韓藍の」と滑らかに続けることができた。したがって、この和歌の「からあゐの」は修辞の都合による選択である。わたしの恋は、現実と思えぬほどの、真っ赤な色に染めあがっているということである。

　以上のことを確認したうえで、国語辞典や古語辞典の用例について一言しておきたい。

　勅撰集といっても、11番目の『続(しょく)古今和歌集』となると、ごく一部の専門家以外には目を通すことがないはずなのに、多くの辞書に、この同じ和歌がそろって引用されており、「美しい藍色」という説明までが一致している。それは、共通のモトがあるからである。他の辞書から再引用している辞書もあるに相違ない。

　この和歌が『続古今和歌集』にあることを確認したうえで引用していながら、用例の末尾が「深く染めてき同じ心を」となっている辞書まである（『古語大辞典』小学館・1983）。「同じ心を」は、この和歌の第6句？　ではありえない。これは、直前の和歌、すなわち、「我が恋は」の和歌と同じ心を詠んだ、という、そのつぎの和歌の詞書を繰り込んでしまったものである。

　存在を確認したところまではよかったが、和歌の表現を読み解こうとせずにテクストからそのあたりを抜き出してしまったことが、こう

6 書記テクストと対話する

いう奇妙な結果になった原因である。作業の手順に問題があるのかもしれない。

「からあゐのやしほの衣」[『岩波古語辞典』]とか、「我が恋は大和にはあらぬからあゐの」(『新明解古語辞典』第3版・三省堂・1995)などという半端な引用は、いかにも投げやりである。悲しいかな、これが古語辞典の実態である。

『日本国語大辞典』には、もう一例、つぎの和歌が引用されている。この和歌を理解するには詞書が不可欠なので、それを補って示す。

○　　　同じころ、内裏歌合に、水辺柳
　　竜田川　大和にはあれど　からあゐの　色染めわたる　春のあをやぎ　[藤原家隆『壬二集』(玉吟集)下・春部・2085]

「同じころ」とは、直前の和歌と同じく、桜の散る時期に、という意味である。歌合の作品であるから実景の描写ではない。

水辺の柳は、「あをやぎの糸」(→510)を、紅葉で名高い竜田川の水に浸している。今は春なので、冴えないアヲに見える柳の枝も、これから秋まで、繰り返し、繰り返し、その枝を竜田川の水に浸して、「からあゐ」の色に染めあげるのだな、ということである。「大和にはあれど、からあゐの色」とは、竜田川は大和の国にあるが、この国のものとは思えぬ美しい中国風の真紅の色に、という意味である。

この和歌は、『古今和歌集』のつぎの和歌を連想させる。

○　　　二条の后の、春宮の御息所と申しける時、御屏風に、竜田川に　紅葉流れたる絵を描けりけるを題にて詠める
　　　　　　　　　　　　　　　　　　　　　　　　　　業平朝臣
　　ちはやぶる　神代も聞かず　竜田川　からくれなゐに　水くゝるとは　[秋下・294]

＊「水くゝる」は、水を括り染めにすること。

　『古今和歌集』にはカラクレナヰとあり、『壬二集』にはカラアヰとあるが、竜田川の紅葉の色は同じである。その色は燃えるような深紅であって、「美しい藍色」などではない。カラクレナヰについては再述する（→608）。

　カラアヰは、『万葉集』と平安初期の『本草和名』にみえる以外、このように、ずっとあとの歌集の片隅に使われている。『万葉集』の用語を復活させて新味をもたせる意図があったのかもしれない。

6.04　クレナヰとクレノアヰ

　美しい赤色を、藍色の一類とか、特殊な藍色とかみなすことには違和感がある。その食い違いを埋めるために、近世以来、クレナヰとは日暮れの色であるというような説明も試みられているが、見え透いたコジツケである。

　大型の古語辞典に、つぎの解説が添えられている。

○和名類聚抄に「紅藍　久禮乃阿井　呉藍　同上」とあり、融合しない形でも用いられた。「呉の藍（くれのあゐ）」は、色彩の類似による命名ではない。（略）植物の藍、紅藍ともに、紅色の相似た花をつけるところからの命名である。　[『古語大辞典』「くれなゐ」の「語誌」]

　ふつうに使用されていた語形はクレナヰであるが、権威ある辞書として知られる『和名類聚抄』にクレノアヰと記されていることは、熟合しない語形でも使用されていた証拠である、という説明である。

　有名な画家の描いた長いナスの絵が残っている以上、すべてのナスが丸かったわけではない、というたぐいの証明であるが、クレナヰとクレノアヰとが同義であると決めてかかっているのは短絡である。

6　書記テクストと対話する

<u>証明されていないことを前提にした証明は無効である</u>。

さきに確認した原則を、簡略化して再確認しておこう（→209）。

<u>類似した語形Ａと語形Ｂとが同時期の同一方言に共存する場合には、①語形Ａから語形Ｂに移行する過渡期に当たっているか、さもなければ、②語形Ａと語形Ｂとが、意味や含みの違いで使い分けられている</u>。

上引の解説には、つぎの事実が考慮されていない。

(1) 『和名類聚抄』の「紅藍」は「染色具」に分類されているから、「紅藍」とは、染料の材料にする特定の植物名であるか、または、その植物から採取された染料の名称である。したがって、「久禮乃阿井」は、染料の材料としての「紅藍」に対応している。

(2) 『和名類聚抄』の「紅藍」の項には、クレナヰが併記されていない。『本草和名』の「紅藍花」の項にも、「和名久礼乃阿為」だけが記されている。「紅藍花」とは、特定の薬用植物、ないし、その花をさす名称である。上代から、クレナヰは鮮やかな赤をさす<u>色名</u>として使用されていたのに、平安時代の辞書や本草書にその語形がなく、もとになった語形だけが採録されているのは不審である。

『和名類聚抄』にクレナヰがあるかどうかを確かめていないことは、対象を体系から切り離して扱う個別型（→518）の問題設定がおかしやすいミスである。

『万葉集』の「くれなゐにほふ、処女(をとめ)らし」[4021・前引]は、紅藍の花のように美しく輝く少女たちが、という表現であり、クレナヰが植物名ないしその花をさす名称から色名に移行する過渡的用法とみなすことができそうである。

「紅藍花」という漢字表記は平安時代にも引き継がれているが、ク

レナヰには、つぎのように、色名としての用法しか見いだせない。

　○もみぢ葉の　流れてとまる　みなとには　<u>くれなゐ深き</u>　波や立

　　つらむ　［古今集・秋下・293・素性・詞書は前引294と同じ］

　○<u>くれなゐの</u>　花ぞあやなく　疎（うと）まるる　梅の立ち枝（え）は　なつかし

　　けれど　［源氏物語・末摘花］

　　＊この和歌の「くれなゐの花」は紅梅をさしている。

以上の検討の結果に基づくなら、『和名類聚抄』や『本草和名』などにみえる「久禮乃阿井」は、鮮やかな赤をさす色名ではなく、その花を染料や薬用にする特定の植物の名称であり、また、その花をさす名称でもあった。

上代の書記テクストは、事実上、韻文しか利用できないので、クレナヰが韻文専用であったかどうか判別できないが、平安時代には散文にしばしば使用されている。

　○似げなきもの、(略)歯もなき女の、梅食ひて酸（す）がりたる、下衆（げす）

　　の<u>くれなゐの袴（はかま）着たる</u>　［枕草子］

下衆を極端に蔑視したこの表現は、作者が、クレナヰを上層階級だけにふさわしい上品な色として認識していたことだけでなく、下衆として位置づけられる人たちでもクレナヰの袴を着ける場合があったことをも証明している。

　○これは、いま少しこまやかなる夏の御直衣（なほし）に、<u>くれなゐのつやや</u>

　　<u>かなる引き重ねて</u>、やつれ給へるしも、見ても飽かぬ心地ぞする

　　　　　　　　　　　　　　　　　　　　　　　　　　　［源氏物語・葵］

現代の感覚からすると、クレナヰは女性のイメージであるが、「これ」は光源氏をさしている。もとより、クレナヰの衣服は女性も身につけていた。

222

6　書記テクストと対話する

過去の日本語を正確に復元するためには、書記テクストを<u>適切に</u>利用することが不可欠の条件である。

6.05　書記テクストの取り扱い

『和名類聚抄』については、つぎのような評価が確立されている。
○漢語抄に当時の学問的権威を付与した点に特長があり、辞書のひとつの標準として後の時代に大きな影響を及ぼしている。

[国語学会編『国語史資料集』武蔵野書院・1976「倭名類聚抄」]

「漢語抄」とは、『和名類聚抄』以前に編纂された、漢語に和名を付した簡便な漢和辞書の総称である。いずれも伝存していないが、『和名類聚抄』や『本草和名』などに引用されている。先に引用した『辨色立成』もそのひとつである（→601）。

○(略) 仮名遣正しく、(略) 選択された語彙・俗言など、国語学的にかつ古代文化研究上、重要な文献である。

[『国語学大辞典』「和名類聚抄」]

このあとに続く専門的解説を含めて、この辞書の評価はきわめて高い。「仮名遣い正しく」という事実を、この辞書が「国語学的に重要な文献である」ことの根拠にあげていることは、国語学とはどういう研究領域であるかを示唆している。

高い評価が学界に定着しているなかにあって、つぎのような独自の解説もある。

○順は当時歌人であり、梨壺の五人の一人として賢学の誉は高いが、20代という未熟のころ編集のもの。十分吟味して活用すべき。

[『日本語学辞典』桜楓社・1990・「和（倭）名類聚抄」]

本書の筆者も、この解説者と同じく、『和名類聚抄』を標準的辞書

とはみなしていない。また、他のすべての書記テクストと同じように、この辞書も、「十分吟味して活用すべき」だと考えている。しかし、その理由は、「未熟のころ編集のもの」だからではなく、むしろ、その逆だからである。

　『和名類聚抄』は、漢学に造詣の深い人のために編纂された上級辞書なので、しばしば、ひねった注が引用されていたり、編者が独自に工夫した和名が示されていたりする。1100年前後に編纂された漢和字書『類聚名義抄』(図書寮本)には、『和名類聚抄』の和名が原則として漏れなく引用されているが、たとえば、「鶉（うづら）」の項に、ガマガエル(蝦蟇)が化けてウズラになる[淮南子（えなんじ）]というような風変わりな注が引用されていることを敬遠して、『和名類聚抄』の注が一律に排除されているという事実がある[『いろはうた』]。ただし、それは、ありふれた語の項目か、さもなければ、漢語に対応する和語がなかった項目の場合であって、「紅藍花」の項についてはストレートな注を引用しているとみなしてよい。

　過去の日本語を知るために、それぞれの時期に編纂された辞書の和名や字書の和訓などがよく利用される。すでに見たように、クレノアキについては、『和名類聚抄』の当該項目が、現行の辞書にも証拠として引用されている。しかし、辞書の和名や字書の和訓だけに限らず、一般に、書記テクストを過去の日本語の資料として利用する場合には、なにがあるか（クレノアキがある）だけでなく、なにがないか（クレナキがない）にも同じように目を配る心がけが大切である。

　前節に引用した古語辞典の解説では、『和名類聚抄』にクレナキがあるかどうかをチェックしていないが、どこかの項目にクレナキがあればあったで、また、なければなかったで、説明が必要である。

6　書記テクストと対話する

　その解説の執筆者は、『和名類聚抄』が分類体で編纂されていることを認識していないらしく、「紅藍」の項目がどの部門にあるかを確かめていない。ちなみに、つぎに引用する項目の「無良散岐（ムラサキ）」も、「染色具」であるから、クレノアキと同じく、色名ではなく植物名である。

　○紫草　本草云紫草　和名無良散岐（略）　［二十巻本・染色具］

　結論を言えば、『和名類聚抄』のどこにもクレナヰはない。なぜなら、この辞書には色名を集めた部門がないからである。したがって、『和名類聚抄』にクレナヰがないことは、当時の日本語にクレナヰがなかったことを、あるいは、クレナヰが正統の和語と認められていなかったことを意味しない。

　三巻本『色葉字類抄』（→208）では、「植物」門にクレノアキをあげ、「光彩」門にクレナヰをあげている。

　○紅藍　クレノアヒ　呉藍同　紅花同　俗用之　［久部・植物門］

　「クレノアヒ」となっているのは、この部分が古い写本に欠落しているので、誤写の多い近世の写本（黒川本）によったためである。

　○紅花　クレナヰ　戸公反　［久部・光彩門］

　　＊「戸公反」は発音表示。「コウ」。

　「紅藍」の項目が『和名類聚抄』からの引用であることは一目瞭然である。

　「紅花」が「植物」門にも「光彩」門にもあるのは、クレナヰが、漢字表記と無関係に、赤い色をさす色名になっていたためである。どちらの意味の「紅花」をさすかは文脈で判別できる。

　『類聚名義抄』（図書寮本）には「紅」字に『法華経』の注釈書から「赤色之浅」という注を引用し、「クレナヰ」という和訓を添えている

(→607図版5)。クレナヰは、必ずしも濃厚な赤色だけをさしたわけではなく、さまざまなヴァラエティーがあった。

6.06 証明の手順

『万葉集』、『古今和歌集』、『源氏物語』、『枕草子』などの用例に基づいて、クレナヰが色名であったことを証明したが、そういう回りくどい手続きを踏まなくても、最初から『色葉字類抄』を証拠にすれば、それひとつで十分だったはずではないかと読者は考えるかもしれない。しかし、筆者は、故意に決め手を最後まで伏せてきたわけではない。

辞書は博物館に陳列されている生物の標本のようなものである。珍種や希少種を含めて、たくさんの生物を一覧できるが、個々の生物について、どの地域のどういう場所で、他のどういう生物と関わりをもちながら生活しているかを、標本から知ることはできない。生態がわからなければ、その生物を知ったことにはならない。

特定の辞書に特定の語が収録されていれば、その時期にその語が使用されていたことはわかるが、どのような人たちが、どのような場面で、どのような意味や含みで使っていたかはわからない。

現代語なら、現実に使用されている場で実態を観察できるが、過去の日本語を直接に観察することはできないので書記テクストに頼らざるをえない。しかし、書記テクストは、前述したように、コトバの資料としては制約がたいへん大きい。それでも、叙述された内容であれば文脈があるので、ある程度まで実態に迫ることができるが、字書や辞書に収録された語は、どういう文脈から切り離されたのかわからないことが多い。

　　○　　　花盛りに、京を見やりて詠める　　　　　　　　素性法師

6 書記テクストと対話する

　見渡せば　柳桜を　こきまぜて　都ぞ春の　錦なりける

[古今集・春上・56]

　ひとつの注釈書には、第3句「こきまぜて」の「こく」について、つぎの和歌を参照するように指示がある。

　○　　布引(ぬのひき)の滝にて詠める　　　　　　　　　在原行平朝臣
　　こき散らす　滝の白玉　拾ひおきて　世の憂きときの　涙にぞ借る　[古今集・雑上・922]

　しごいて散らすように落ちてくる滝の白玉を拾っておいて、この世がつらいときの涙にするために借りる、ということである。「こく」には、つぎの注がある。

　○こくは、しごく、むしる、うつの意。(略) 名義抄「摘・揃・撲コク」　[新日本古典文学大系『古今和歌集』岩波書店・1989]

　「名義抄」とは、『類聚名義抄』(観智院本)をさしている。膨大な字書であり、どの漢字にも、ありうる限りと言ってよいほど多数の和訓が示されている。

　この字書のなかに、「コク」という和訓を付した漢字は8字あるが、上引の注釈には、それらのなかから任意に3字が選ばれている。

　「摘」字の項には、「ツム、ナヅ、ウツ、コカス、マサシ、フルフ、コク、ノゾク、トル、トヽノフ、タダス、ナブル、カク、サル、ヲシフ、ハサム、ハラフ、ウヅム、ツヽシム、キル」の20訓が並んでいる(仏下本・手部)(図版3)。

　7番目に「コク」があるが、ほかの19訓との関係は判然としない。「揃」、「撲」の項の和訓「コク」も同様である。上引の注釈は、この字書の和訓索引から適宜に3字をピックアップしただけで、字書のテクストは見ていない。

「重」字が、オモイになったり、カサナル／カサネルになったりするように、ここに列挙された和訓も、それぞれの文脈でそのように訓読されたはずであるから、この文字にこの訓があるというだけで引用するのは軽率である。

上引の注釈の、いちばん大きな問題点は、字書からの引用が、「こき散らす」や「こきまぜて」の意味や用法を理解するうえで、どのような助けになるのか、わからないことである。それは、注釈者にもわかっていない。

「こきちらす」には「しごく」や「むしる」は当てはまるかもしれないが、「うつ」は無関係のようにみえる。「こきまぜて」には、どれも当てはまらない。

証明の手続きを省いて結論だけを言えば、「こきまず」とは、美しい花やモミジなどを枝からていねいに摘み取り、美しい模様に配合して並べることである。咲いている花を乱暴にしごいたり、むしったりはしない。この和歌では、新緑の柳と満開の桜の色とが、まるで細心に配色された「こきまぜ」のように美しく入り混じって、と表現されている(『例解古

○漢文訓読に使用される和訓を集成した漢和字書。同名の原本系のテクストを真言宗の学僧が大幅に改編したもの。原本の注記や、和訓の出典等は、ほとんどすべて削除されている。○「ナグ」、「ノゾク」の片仮名のふたつの声点(濁声点)は濁音を表わす。ただし、「タダス」、「ナブル」。「ウヅム」などの片仮名には濁声点がない。声点のある和訓には確実な証拠があり、また師説があると、この字書の凡例に記されているから、「摛」字の和訓として「コク」は不確実な和訓である。

[図版3] 観智院本『類聚名義抄』(天理図書館蔵)

語辞典』第3版・三省堂・1992「解釈の道すじ」)。

『類聚名義抄』(観智院本)の「摘」字の和訓でその例を見たように、字書に収録されているのは、生命を奪われたコトバの死骸である。生きたコトバを直接に観察できないなら、せめて、文脈をもつ書記テクストを優先させるべきである。

『枕草子』や『源氏物語』の用例は、クレナヰが上品な美しい色として認識されていたことを教えてくれる。前引の「くれなゐ深き波や立つらむ」という和歌の表現なども、真っ赤な色としてだけでなく、<u>上品で美しい</u>という含みを読み取ることによって、いっそうよく理解できる。紅梅も、ただ、赤い花の咲く梅ではなく、上品な赤い色の花が咲く梅であった。前引の『枕草子』の一節では、「あやしき家の、見どころもなきむめ (梅) の木」と対比されている (→101)。

辞書の和名や字書の和訓は文脈から切り離されているので、そういう細かい含みまで教えてくれない。

[図版4] 図書寮本『類聚名義抄』(宮内庁書陵部蔵)

○ 一一〇〇年ごろ、法相宗の学僧が編纂した漢和字書。注記および和訓には原則として出典が記されている。
○ 最初の「下」は、この項の見出しになっている熟語の下の文字「澱」を表わす。「川」は、『和名類聚抄』の撰者、源順の「順」の左側の部分で、『和名類聚抄』をさす。「禾ゝ」は「和名」。

6.07 語形の縮約と語構成の透明度

クレナヰに関しては、まだ、大切な続きが残っている。それは、クレノアキ＞クレナヰという縮約についてである。

『和名類聚抄』(二十巻本・染色具) には、「紅藍」に続いて、つぎの項目がある。

○藍　藍澱附　唐韻云、藍魯甘反、染草也、澱 音殿、和名阿井之流藍澱也、本草云、木藍堪作澱也、木藍 和名都波岐阿井、蓼藍多天阿井、見本草

「藍」の項には、「魯甘反（ramという音を示す）」という発音表示のあとに「染草也」とあるだけで、アキに相当する和名はない。そのあとの「阿井之流」は、「藍汁（あゐしる）」で、染め汁にする沈殿物である。

『類聚名義抄』（図書寮本）には、「澱」の項に『和名類聚抄』から「阿井之流」が引用されており、「阿井之流」に《阿低井低之低流高》と声点（しょうてん）が加えられている。声点とは、抑揚を示すために文字の周囲に加えた点である。文字の左下の声点は《低》を表わし、左上の声点は《高》を表わす。四つの声点を合わせると、アキシルのアクセントは、語末のルが高い《低低低高》型になる。

『類聚名義抄』（図書寮本）の「紅」字には「クレナヰ」という和訓があり（→前々節）、声点による抑揚の表示は《高高低低》である。

クレタケ、クレノオモ、クレツヅミ（腰鼓＝呉鼓）、クレノハジカミなどに平安末期に加えられた諸文献の声点をみると、クレの部分の抑揚が、どれも、クレナヰと同じくクレ《高高》になっている（下線を引いた片仮名は高い音節を表わす）。したがって、クレナヰは〘クレ（呉）＋ナヰ〙と分析されたであろう。すなわち、前部成素「呉」は析出可能であり、後部成素ナヰは、不透明であった。ただし、ナヰの部分の抑揚は、「アキシル」

［図版5］図書寮本『類聚名義抄』「紅」字の注記の後半。「真〻」は真興の著した『法華経釈文』からの引用であることを示す。

の「アキ」と同じ《低低》であったから、クレナキのナキの部分には、アクセントに支えられて、「藍」が潜在していたとみなしてよさそうである。潜在していたとは、ふだんは意識されなかったが、考えれば析出できたという意味である。

　クレノアキが、植物やその花を離れて、鮮紅色をさす色名になると、ひとまとまりに発音され、スラーリング（→404）によってクレナキと聞き取られる語形になりやすかった。異国的イメージを喚起する接頭辞「呉」が露出し、植物名の「藍」が隠されたこの語形は、色名として好都合であったから、色名はこの語形で定着した、という過程が無理なく想定できる。そうだとすれば、これは、音便形が形成されて定着した過程と原理的につうじている。

　我々は、その原理をつぎのように一般化することができる。

<u>スラーリングによって形成された語形が運用上のメリットを評価された場合には、それが新しい語形として定着する。</u>

　運用上のメリットが評価されるとは、砕いて言うなら、日本語社会の人たちの多くが、これは便利な言いかただと感じることである。

　「染色具」のクレノアキは、「呉の」と同じぐらいに、あるいは、それ以上に「藍」も大切であったから、〖呉の＋藍〗という語構成が生きており、したがって、ひとまとまりには発音されなかったので、縮約されることはなかった。

6.08　カラクレナキ

　クレナキとの関連で、カラクレナキの語構成を考えてみよう。

　『古今和歌集』には、カラクレナキを含む和歌が3首ある。最初の和歌は、カラアキについて検討する過程で、さきに引用したものであ

る（→603）。

○ちはやぶる　神代も聞かず　竜田川　からくれなゐに　水くゝるとは　[秋下・294]

○思ひ出（い）づる　ときはの山の　ほととぎす　からくれなゐの　振り出（い）でてぞなく　[夏・148・題知らず・詠み人知らず]

「思ひ出づる時（とき）は、常盤（は）の山の」という重ね合わせである。「常磐」は常緑であるから、いつでも変わらず、という含みをもつ。「なく」は「鳴く」でもあり「泣く」でもある。「振り出でて」とは、カラクレナヰの染料を水のなかに振り出して染めることを言う。血を吐いてナクことを表現している。

恋人を思い出すときは、常盤の山のホトトギスは、いつでもカラクレナヰのような血を絞り出して鳴く／泣く、という表現であり、作者の激しい恋心がホトトギスに感情移入されている。ホトトギスは、口のなかが赤い。

もうひとつの用例は、その直前の和歌のクレナヰとセットにして考える必要がある。ともに紀友則の作である。

○くれなゐの　振り出（い）でつつ泣く　涙には　袂（たもと）のみこそ　濡れまさりけれ　[恋一・598・題知らず]

クレナヰの色を振り出しながら泣く涙には、袂だけがどんどん濡れてゆく、ということである。クレナヰの涙は、漢語「紅涙」に当たる。

○白玉（しらたま）と　見えし涙も　年経れば　からくれなゐに　うつろひにけり　[恋一・599・題知らず]

彼女を恋しく思いはじめたころには真珠と同じように白く光る涙を流していたが、何年越しにもなった今では、涙の色がカラクレナヰに変わっている。すなわち、血の涙になっている、ということである。

6 書記テクストと対話する

「白玉と」の和歌を、その直前の和歌とセットにすると、両方ともクレナヰでは同工異曲になるので、ふたつ目の和歌にカラクレナヰが選択されたとすれば、クレナヰとカラクレナヰとの違いが問題である。

カラとは、コレアと中国、あるいは、その一方をさす接頭辞である。クレナヰからは「呉」が析出可能であり、「藍」は潜在していたという前節の帰結を当てはめると、カラクレナヰのカラクレの部分は、〘(中国/コレアの)+中国の〙という不自然な構成になる。しかし、そういう不自然な感じの語であったなら、勅撰集の洗練された和歌に、しかも、複数の和歌に、使用されることはなかったはずである。

現代日本語の話者が理屈で考えるぎこちなさを平安時代の人たちが感じなかったとすれば、彼等は、この語を〘(中国/コレアの)+中国の〜ナヰ〙という構成としては捉えていなかったからに違いない。そうだとすれば、さしあたり、つぎのふたつの可能性が考えられる。

(1) カラクレナヰとは、中国から新しく渡来した、それまでのクレナヰよりも、さらに鮮烈な赤い色であった。
(2) カラクレナヰとは、クレナヰ系の赤色ではあるが、日本ではとても見ることのできない鮮烈な赤という意味であり、超現実的なすばらしい色を観念的にイメージさせる歌語であった。したがって、実在する色には対応していない。

ふたつの可能性を天秤にかければ、(2)の側に大きく傾くことは確実である。

クレナヰからは「呉」が析出できたが、それに接頭辞カラが付くことによって「呉」の影が薄くなり、「藍」の潜在度がさらに増して、クレナヰの語構成が不透明になるために、カラクレナヰは異国的クレナヰを意味する架空の色名になった、ということである。

カラクレナヰが、だれも見たことのない、中国風の鮮紅色をイメージさせる歌語であったとみるならば、上引の和歌は、どれもよく理解できる。3首ともに実景描写でないことに注目すべきである。その意味で、いかにも平安時代の和歌にふさわしい造語である。
　現実の色であるという前提で、辞書や注釈書に、「韓（朝鮮）で染めた紅のこと」、「中国産の鮮やかな紅」、「《韓から渡来の紅の意》深紅」、「濃く美しい紅。深紅色」などと解説されてきたカラクレナヰが、非現実的、超現実的にイメージされる架空の色であったとすれば、和歌の彩りはこれまでの理解と大きく違ってくる。

7

係り結びの機能

7.00　係り結びを古典文法から救い出す

　前章で終わりにするつもりであったが、入門書だからこそどうしても書いておきたいことが残ったので、短い章を加えることにした。

　古典文法には、苦い思い出をもつ読者が多いであろう。良薬なら口に苦くても我慢してのむ価値があるが、よく効くからと押し付けても、効き目はサッパリである。なかには効いたと錯覚する生徒もいるが、もっと多くの生徒は、文法を習ったばかりに古典まで嫌いになる。

　このような言いかたをしても、筆者は無条件の古典文法撲滅論者ではない。ほんとうはとてもおもしろいのに、砂を嚙むようなものに仕立て上げてしまっているのが残念でたまらない。古代日本語を筋の通らない非近代的な古典文法からなんとか救出したいというのが、ほんとうの気持ちである。

　この章で取り上げるのは、古典文法のメダマともいうべき例の係り結びである。読者を悪夢に引き戻そうというわけではない。ねらいは、読者を苦しめた悪夢の正体を暴いて、言語運用のすばらしさを理解してほしいということにある。

　そもそも、係り結びとは、名称から明らかなように、こう係ればこ

う結ぶという、近世の人たちが、和歌を作り、文章を書くための規則であった。

　日本語史の目でその実態を見直してみると、古典文法で教えられていることは大間違いであり、ほんとうは、長い話や長い文章にメリハリをつけるために大切な役割を果たしており、現代語では、その役割を接続詞が果たすようになっていることがわかってくる。本書は入門書という位置づけであるから、くわしい論証は省略するが、入門書だからこそ、そのあらましだけは読者に理解してほしいというのが、この章を追加する理由である。

　筆者は、本書を、おもしろくて役に立つ、そして、わかりやすい日本語史入門にしたいと「はしがき」に述べたことを忘れていない。

　古典和歌を作るわけでもなく、文語文を綴ろうというわけでもないのに、今さら係り結びとはよびたくないが、適切な代わりの用語がないので、さしあたり、それで我慢しておく。

7.01　センテンスを中断する

　運用上のメリットが評価されれば、それが新しい言いかたとして定着する。その原理は、スラーリングだけでなく、生じやすい言い誤りにも当てはまる。

　つぎに引用するのは、『エソポの寓話集』(→307) の一節である。
○ある川端に、狼も羊も水を飲むに、狼は川上に居、羊の子は川裾に ytatocorode（居たところで）、かの狼この羊を食らわばやと思い、（略）　［狼と羊の譬えのこと］

　注目したいのは、ytatocorode の綴りがひと続きになっており、その直後にコンマが付けられていることである。このテクストに toco-

7　係り結びの機能

rodeは44箇所に使用されているが、すべて、この形式になっている。

当時の平仮名文や片仮名文では、句読点を規則的に使用する習慣がなかったから、このようなことを知るうえで、キリシタンの宣教師たちが残したローマ字のテクストは貴重な手掛かりになる。

この構文では、「川裾に居たところで」と場面が明示され、そのあとにポーズが挿入される。それが、16世紀末の標準的な日本語の言いかたであった。

これは、日本語学習書の文章であるから、きれいに整えられているが、口で話す場合はどうだったであろうか。

この構文で話そうとしても、トコロデのあとがうまく続かなくなる場合がある。トコロデまで言ってしまってから口ごもれば、聞き手もリズムを狂わされる。

話していれば、ときどき言い間違いをする。あとまで続けるつもりが、つい、「川裾に居た」で切ってしまう。そうなると、トコロデの行き場がなくなるから、つぎのセンテンスをトコロデから始めることになる。

それは、とっさの取り繕いであるが、そのように言ってみると、「川裾に居だ」のあとに自然にポーズが挿入されるから、そのあいだに、あとのコトバを考えることができるし、息も継げる。聞き手は、そこで頭を切り替えて、その続きを聞くことができる。

同じ間違いを繰り返せば、いくらか長い内容を言う場合には、そのほうが便利であることがわかり、そのうちに、はじめからそのように言うようになるし、聞き手も、自分が話すときには、そのような言いかたをするようになる。このほうが便利だと意識するとは限らないが、いつのまにか、それが新しい言いかたとして定着する。

こういう自然な過程を経て、トコロデは、センテンスの途中ではなく、いつでもセンテンスの最初に置かれるようになり、接続詞トコロデが誕生する。トコロデが接続詞として一人歩きを始めれば、「ところで、何曜日だっけ？」というようにも便利に使われるようになる。

　現代語には接続詞がたくさんあるが、最初から接続詞であったものはひとつもない。ほかの用法に使用されていた語句が転用されたものばかりである。

　話の進行を適宜に中断しても、いろいろの続きかたでそのあとを受ける接続詞がそろっていれば、話し手は安心して適宜に切ることができるし、聞き手も話の流れを捉えやすくなる。

　接続詞には、つぎに示す模式のように、ポーズを挿入する位置の移動によって形成されたものが少なくない。♯はポーズの位置を示す。

	ダカラ	ダケド
(a)	今日は休日だから♯出かけない。	今日は休日だけど♯出かける。
(b)	今日は休日。♯だから出かけない。	今日は休日。♯だけど出かける。
(c)	今日は休日だ。♯だから出かけない。	今日は休日だ。♯だけど出かける。

デスカラ、ダガ、デスガ、ダッテ、デスケド、ケレドなどは、いずれも、この類型に属している。

　日常的な短い会話なら、どうでもよいが、少し長い話になると、こういう接続詞がなければ、話しにくいし、理解しにくくなる。

　長い話になると、というのがこの章で考えることのポイントである。

7 係り結びの機能

7.02 係助詞ゾの機能

係り結びとはどういうことであったかを確認しておこう。

○係り結びといえば、日本語の古典を学ぶものなら誰でも最初に習う法則である。普通の文は終止形で結ぶに対して、ゾ・ナム・ヤ・カの下の活用語は連体形で結ぶ。コソの下の活用語は已然形で結ぶ。それらは強調表現に用いられる。それが普通にいう係り結びである。［大野晋『係り結びの研究』岩波書店・1993「まえがき」］

係り結びとその機能に関する現今の共通理解が、この一文に要約されている。同書における研究も、この共通理解が前提になっている。

この引用からもうかがえるように、係助詞ゾ、ナム、コソの機能は、「強調表現に用いられる」と一括されており、どちらかと言えば、どの活用形で結ぶかというほうに注意が向けられている。こう係ればこう結ぶ、という呼応関係のパターン認識である。上引の定義で、ヤ、カの機能も強調表現に一括されているのは、筆の勢いであろう。ただし、その無意識の誤りは、著者の関心がどちらの側に傾いているかを示唆している。以下には、ヤ、カを除外して考える。

係助詞ゾの機能については、どの教科書にも、どの古語辞典にも、「それらは強調表現に用いられる」とか、「その語句を取り立てて強調する」［『例解古語辞典』］とか、表現に多少の違いがあるだけで、同じことが書かれているし、教室でもそのとおりに教えられるから、係助詞ゾがあれば、その直前の語句が強調されているはずだと思い込んで作品のテクストを読んでしまう。しかし、立ち止まってテクストを読み直してみると、その文脈で、その語句が強調される理由が理解できない場合が多い。

『更級日記』から、係助詞ゾの用例をふたつ引用する。

○下野の国のいかたといふ所に泊まりぬ、(略) 野中に岡だちたる所に、ただ木ぞ三つ立てる、その日は雨に濡れたる物ども干し、(略) そこに日を暮らしつ

「ただ木ぞ三つ立てる」という表現は、この文脈において、どのように理解すべきであろうか。

「水ぞ流るる」は「他ならぬ水が流れているのだ(略)と口語訳すればほぼ等価な表現となるであろう(略)」［概説書］という説明に従うなら、「ただ木ぞ三つ立てる」とは、「他ならぬ木が三本立っているのだ」と理解すべきことになる。しかし、ここは、立っているのが、人や仏像などではなく、「木」であることを強調した表現であるとは、とうてい考えがたい。

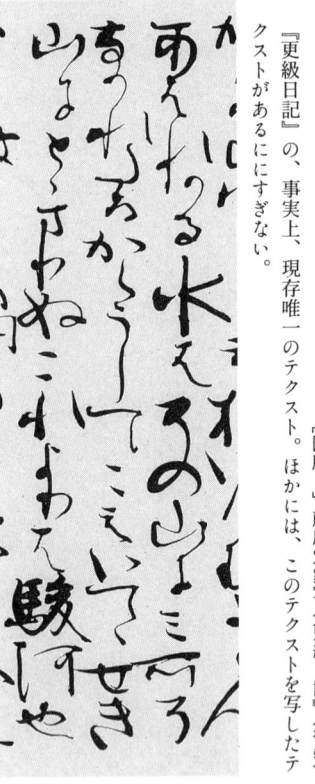

素直に読めば、この部分は、「いかた」というのは、野原のなかの小高いあたりに木が三本生えているだけの殺風景な場所だった、ということであって、「木」が強調される理由はない。

○まだ暁より、足柄を越ゆ、(略) 水はその山に三所ぞ流れたる、からうじて越え出でて関山に留まりぬ、これよりは駿河なり

［図版6］藤原定家写『更級日記』（御物）『更級日記』の、事実上、現存唯一のテクスト。ほかには、このテクストを写したテクストがあるにすぎない。

7 係り結びの機能

足柄の山中に、水が、二所でもなく四所でもなく、他ならぬ三所流れているのだと、「三所」を強調した表現ではない。足柄山を越える途中に、水が流れている場所が3箇所あった、という叙述である。喉が渇くのに水を飲める場所が3箇所しかなかったとか、3箇所あったので助かったとかいう強調なら、表現が違っていたはずである。

係助詞ゾの機能は強調ではない。

最初期の日本語では、たいていの情報が短いセンテンスを単位に伝達されていたであろうが、ふたつのセンテンスを関連づけて言おうとすることが多くなって、〜ナレバ、〜ナレド、〜ナルニ、のような、あとの部分への続きかたを表示する接続助詞が発達した。

さらに進んで、いくつものセンテンスを連ねて、まとまった内容を伝えたい場合が多くなると、それまでと同じ構文のままでは、話の流れが捉えにくくなるし、話し手も、途中で考えを整理して先に進めたり、息を継いだりしにくくなる。そういう不都合を解消するために、途中に、ヒトマズ、ココデ切ルヨ、と聞き手に予告して切る語法が発達した。それがゾの係り結びである。

『更級日記』から引用した第1例では、「いかた」という場所の描写が終わるところで、ヒトマズ、ココデ切ルヨ、と係助詞ゾで予告したうえで、直後の動詞句「立てる」で切り、話題を変えて、その日にどういうことをしたかを叙述している。

第2例では、足柄山の叙述を終えたところで、ヒトマズ、ココデ切ルヨ、と係助詞ぞで予告したうえで、直後の動詞句「流れたる」で切り、話題を変えて、「からうじて越え出でて」と、駿河の国の叙述に移っている。

仮名文のテクストに句読点はなく、叙述の切れ目で改行したり、文

字の間隔を広くとったりせずに書きつづけられているが（図版6）、その直後に切れ目がくることを係助詞ゾが予告しいるから、読み手は、直後の動詞句「立てる」、「流れたる」でひと息入れ、頭を切り替えてそのあとを読みつづける。

7.03　係助詞ナムの機能

係助詞ナムの機能はどうであろうか。

この助詞の意味、用法は、おおむね、つぎのように理解されている。

○「ぞ」と同様にその受ける語や句を特に取り立てて強調する意を表す。「ぞ」に比べて意がやわらかで、相手に向かって穏やかに説明するような気持ちがあるので、歌には普通用いられず、散文、特に会話的表現に多く用いられる。　[『古語大辞典』]

実例について、この説明の当否を検証してみよう。

○御子(みこ)六つになり給ふ年なれば、このたびは、思(おぼ)し知りて、恋ひ泣き給ふ、年ごろ馴れ睦(むつ)びきこえ給へるを、見奉りおく悲しびをなむ、かへすがへす宣(のたま)ひける、＃今は内にのみさぶらひ給ふ、七つになり給へば　[源氏物語・桐壺]（＃はポーズを表わす）

幼少の光源氏の祖母が他界した前後の叙述である。

係り結びの部分までで切ってしまえば、確かに、「悲しび」が特に取り立てて強調されているように読み取れないことはない。しかし、物語の叙述はそのあとに続いている。

結びの「宣ひける」まで、御子は6歳で祖母のもとにいたが、係り結びを境にしてそのあと、場面は一転する。御子は母の里を離れ、宮中にとどまって7歳になる。

結論を先に言えば、係助詞ゾが、ヒトマズ、ココデ切キルヨ、とい

7 係り結びの機能

う予告であるのに対して、係助詞ナムの機能は、ココデ大キク切ルヨ、という予告である。したがって、そのあとは、話題が転換するか、短い補足がそれに続くか、さもなければ、そこでディスコースが途切れている。

「〜ので歌には普通用いられず」という前引の辞書の理由づけは理解しにくい。口語的なので和歌には使われないと説明されていることも多い。しかし、たとえば、荘重な文体で綴られた『古今和歌集』仮名序の後半に目立つ係助詞ナムなどは、そういう説明に対する絶対的反証である。三十一文字の短詩の内部に話題の転換などあるはずはないから、ナムの出番がないだけである。

ゾにしてもナムにしても、センテンスの組み立てではなく、ディスコースの組み立てに関わる助詞であるから、係り結びのあとまで読まなければ、その機能を理解できないことは、すでに明らかである。

係助詞ゾでひとまず切れている用例でさえ、かなり長く引用しないと、実例に即して、説得力をもってその機能を説明することは難しい。まして、係助詞ナムの機能を実例に即して説明するには、長大なディスコースの全体を引用し、話の流れのなかで、この助詞の機能を把握しなければならない。『古今和歌集』仮名序を証拠としてあげながら引用できないのもそのためである。

仮名文はリズムで読む文体であるから、途中をあちこち削ったりしたら、リズムが破壊されて、肝心の係り結びの部分のリズムが乱れてしまうが、そのことを承知のうえで、前節の『更級日記』のふたつの用例も上引の『源氏物語』の用例も、不本意ながら、かなり刈り込んで引用してある。

『古今和歌集』の仮名序でも、『源氏物語』、『枕草子』、『更級日記』

など、散文ならどれでもよいから、テクストを読んで、係り結びの機能を仮名文のリズムのなかで捉えてみていただきたい。リズムにおいて、仮名文学作品の文体は口頭言語と共通しているからである(『仮名文の構文原理』)。

係助詞ナムを使った、きわめて短い表出の適例があるが、文脈が大切なので、かなり詳しい説明が必要である。

『伊勢物語』第9段は、業平の「東くだり」としてよく知られている。ここに取り上げるのはその末尾の部分である。きわめて散文的に要約する。

都では見たことのない白い鳥がいるので、その鳥の名を尋ねたら、渡し守は、「これなむ都鳥」と答えたと記されている。

「これなむ都鳥」では係助詞ナムの結びがないので、あとに「侍る」が省略されているとみなしてそれを補い、「これが有名な都鳥なのですよ」などと現代語訳しているのがふつうである。得意げに答えた、という解説もある。かってにコトバを補ったりすべきではないが、「侍り」を補っていることは、丁寧な口ききと理解しているためである。その理解は前引の古語辞典の解説とも一致しているが、まったくの読み誤りである。

渡し守は、「はや、船に乗れ、日も暮れぬ」、すなわち、早く船に乗れ、日も暮れているではないかと、苛立って乗船を催促しているのに、都から来た一行は、ぐずぐずして動かず、あげくの果てに、ほかならぬ都鳥をさして、なんという名の鳥だと尋ねたりするので腹を立て、これは都鳥に決まっているだろう、もう舟を出すぞ、話はこれでおしまいだと吐き捨てるように言ったのが「これなむ都鳥」である。「侍る」どころではない。ぶっきらぼうな一言だけに、ココデ大キク切ル

ゾが効果的である。

　このあとに「名にし負はば」の和歌があり、「舟こぞりて泣きにけり」と結ばれている。「こぞりて」、すなわち、一人残らず、とあるから、失礼なコトバを吐いたあの渡し守までがもらい泣きをしている。名作のすばらしい結びである。

　係助詞コソの機能がゾやナムとまったく異質であることについては、次々節にその一端を述べる。

【注】　係助詞ナムの用法……○係助詞ナムの用法は、基本的に、この節に指摘したようなところであると筆者は考えている。ただし、本書では大筋を示すにとどめておいた。○実例を検討すると、本書に述べたような機能としては説明できそうもない事例が出てくることがある。『伊勢物語』の「これなむ都鳥」などもそのひとつなので取り上げた。「かくなむ奏すれば」などは、「かく」の内容を考えてみれば例外にはならない。○『古今和歌集』425番のの第4句「これなむそれと」が勅撰集の和歌にナムが使われた唯一の事例とされているが、会話の引用だからではなく、「これなむ都鳥」と同じような用法である。もとより、ぶっきらぼうな言いかたではない。物名の和歌の、しかも返歌であるから長大な説明が必要なので引用できなかった。○なかには、物語の読者が基本機能で読むことを前提にしたハグラカシの表現技巧もあると筆者は考えている。

7.04　ディスコースにおける係助詞ゾ、ナムの機能

　係り結びの機能が見誤られてきたことには、ふたつの原因がある。

　第1の原因は、これまでの文法研究、文法史研究が、センテンスを最長の単位にして考えてきたことであり、第2の原因は、本居宣長以来、事実上、和歌だけを資料にしてその機能を明らかにできると考え

てきたことである(『日本語はなぜ変化するか』)。

　係り結びは、多くのセンテンスを緊密に結び付けたディスコースのレヴェルで機能する語法である。ディスコースにメリハリをつけると言ってもよい。筆者は、ここに述べた解釈の当否を検証する手段のひとつとして、『源氏物語』のテクストから記憶の定かでない部分をコンピュータに取り込み、係り結びをほどいた文章にしてみたところ、話の展開がかなり追いにくくなることを確認した。

　「水ぞ流るる」という、和歌の１句に相当する最短のセンテンスに基づいて係り結びの本質を説き、「他ならぬ水が流れているのだ」と口語訳すれば「ほぼ等価な表現となるであろう」(概説書)などと簡単に結論づけるべきではない。

　「水ぞ流るる」には実例がある。
　　○　　　服(ぶく)、脱ぎ侍るとて　　　　　　　　　　詠み人知らず
　　藤衣(ふぢごろも)　祓(はら)へて捨つる　涙川　岸にも増さる　水ぞ流るる
　　　＊「藤衣」は喪服。　　　　　　　　　　[拾遺集・哀傷・1291・題知らず]
喪が明けて、喪服を脱ぎ、お祓いをした際の作である。お祓いをして、脱いだ喪服を捨てる涙川は、涙で増水し、川岸を越す水が流れる、ということである。

　この第５句を「他ならぬ水が流れているのだ(略)と口語訳すればほぼ等価な表現となるであろう」などと言えないことは自明である。ということは、その結論を導いた理論の破綻を意味している。

　理論はみずから検証したうえで提示するのが基本ルールである。この甘さは、概説書の著者個人ではなく、この領域全体の病弊である。

　ヒトマズ、ココデ切ルヨというのが係助詞ゾの機能であるが、和歌の末句にはあとがない。そのまま途切れてしまうから、途切れた係り

7 係り結びの機能

結びの<u>アタリ</u>が、すなわち、和歌の末尾の表現が、強く印象に残る。それは、直前の語句を取り立てて強調することが係助詞ゾの機能だからではない。

〘係助詞ゾ〜連体形〙を末尾に置いて突然の断絶を作るのは、ヒトマズ、ココデ切ルヨ、の効果を応用して韻文のインパクトを大きくする和歌表現のシカケである。この和歌の場合、断絶された効果として強く印象づけられるのは、直前の「水」ではなく、「岸にも増さる水ぞ流るる」という表現である。

自然な用法を観察するためには散文を資料としなければならないのに、和歌だけを資料にして結論を出し、その結論を散文にそのまま当てはめるから、係り結びのあとの叙述がどのように展開されていても目に入らない。それでは、その機能を理解できるはずはない。

直前の語句を取り立てて強調するのは、副助詞シの機能そのものである。係り結びの機能もそれと同じであるとみなすなら、当然、この<u>シ</u>との違いが問題になるはずである。

たとえば、つぎの一節の<u>シ</u>を、<u>ゾ</u>、ナム、コソと置き換えたらどうなるかを検討してみれば、係助詞ゾ、ナム、コソの機能も、副助詞シの機能と同じであるなどとは言えないはずである。

○取り立てて、はかばかしき後見(うしろみ)<u>し</u>なければ、こととある時は、なほ寄り所なく心細げなり ［源氏物語・桐壺］

和歌におけるシとコソとの共起（cooccurrence）などについてはそれなりに取り上げられているが、もっと総合的に対比されたなら、係り結びの機能は必ずや見直されたはずである。

ゾ、ナムの係り結びが担う機能は、ココデ切ルヨと予告してディスコースの途中に断続を作り、その展開にメリハリをつけることであっ

た。確かにそのメリットは大きかったが、デメリットもまた無視できないものがあった。それは、動詞句の末尾を終止形以外の活用形にする必要があったり、ココデ、キルヨと予告してしまったら、切らざるをえなくなることであった。

呼応関係でメリハリをつけることができる代償として大きな拘束を受けるよりも、終止形でふつうにセンテンスを終わり、そのあとに続くセンテンスの最初に適切な接続詞を置く方式のほうがはるかに運用しやすいことは明らかである。そのために、ディスコースの組み立てを接続詞承接型に切り替える方向がとられ、必要な接続詞がひととおりそろった段階で、日本語のディスコースは<u>ゾ</u>、ナムの係り結びから開放された。

7.05　係助詞コソの機能

つぎの一節で始まる『徒然草』第7段は、この作品を貫く無常観の端的な表明としてよく知られている。しかし、兼好がほんとうに言いたかったことは、注釈者の理解と大きな距離がある。要するに、読めていないということである。

　○あだし野の露消ゆる時なく、鳥部山の煙（けぶり）立ちさらでのみ住み果つるならひならば、いかにもののあはれもなからむ、<u>世は定めなきこそいみじけれ</u>

「世は定めなきこそいみじけれ」の部分を、注釈書は、「この世は無常だからすばらしいのだ」、「この世は不定だからこそ、すばらしい」、「人間の命は定まっていないことこそ、妙味のあるものなのである」などと現代語訳している。この段の主題は、この一句に結晶している、という解説もある。

7 係り結びの機能

　どの注釈書も「定めなきこそ」のコソを、直前の語句を取り立てて強調する、という古典文法の説明どおりに理解しているために、この一段全体の趣旨を取り違えている。

　コソの用法には古くからそれなりに幅があったし、時期が下るにつれて変化している。そのうえ、文体による相違もあるから、『源氏物語』と『徒然草』と、コソの用法がまったく一致しているわけではないが、基本的機能は変わっていない。コソは、コソのままで、現代の口頭言語にもふつうに使用されている。

　「今コソ実行の時だ」とは、今を逃したら、ほかに適切な時はないという意味であり、「富士山にコソ登ったけれど〜」とは、富士山以外、山らしい山に登った経験がないことを含意している。一般化するなら、複数の選択肢から特定の項を選んで卓立するのがコソの機能である。

　選択肢がふたつだけなら、甲でなく乙だ、という意味になる。「君は優秀だね」とほめられて「あなたコソ」と言うのは、秀才は私でなくあなたですよ、ということである。「失礼ですよ！」となじられて「あなたコソ！」と言い返すのも、原理は共通している。

　「世は定めなきこそいみじけれ」のコソは、二者択一の事例である。兼好は、「定めある世」と「定めなき世」とのふたつの選択肢から、そちらのほうが「いみじ」であるからという理由で「定めなき世」を選択している。永遠の生命を約束されていたりしたら「いかに、もののあはれもなからむ」、すなわち、どれほどあじけないことだろう、というのがその理由である。

　以下は、上に引用したあとに続く部分になる。

　「つくづくと一年(ひととせ)を暮らすほどだにも、こよなうのどけしや」とは、

漫然と生きていれば気にもとめない路傍の花でも、来年はもう見ることがないかもしれないと思うと、可憐さがしみじみと感じられるというようなことである。

「長くとも四十に足らぬほどにて死なむ<u>こそ</u>、目やすかるべけれ」と兼好は言う。この場合、コソで対比されているのは、その対極にある、不老不死を願うような、際限のない長生きである。このあとには、そういう生きかたがどれほど醜いものであるかが説かれている。

そのぐらいの年齢を過ぎると感受性が鈍化し、厚かましくなる一方である。いつかは死ぬのだから、そうなるまえに死んだほうが、みっともない姿を世にさらさないですむ、という考えである。

兼好がこの文章を何歳で書いたかは無用の詮索である。彼が言いたかったのは、そういう年齢になると、モノノアハレを感じることのできない、鈍感で貪欲な人間になってしまうから、ことのほか自戒すべきだということであった。

『徒然草』即無常観、という固定観念で捉えるために、注釈書は「世は定めなき」に敏感に反応して短絡に陥っている。しかし、先入観を捨てて素直に読み進むなら、余韻として残るのは、「もののあはれも知らずなりゆくなむ、あさましき」という、この段の結びのことばである（注）。

この部分に述べられているのは、モノノアハレを感じる心を失ったら生きていても意味がないということであって、<u>無常の世の礼賛ではない</u>。

冒頭の一節は、「あだし野の露」から「いかに、もののあはれもなからむ」までがひとまとまりの叙述になっており、「世は定めなき<u>こそ</u>みじけれ」は、「定めなき世」でなかったなら、人生にとって、

7　係り結びの機能

もっとも大切な「モノノアハレ」を感じることができないということであるから、いわば、先行する部分に述べたことの、換言による確認、あるいは、補足である。

この段の趣旨が取り違えられてきたのは、コソの基本機能が正確に理解されていなかったことに起因している。

「この世は不定であるからこそ、すばらしい」という現代語訳は、コソを「からこそ」で置き換えたために、二者択一を、単純な強調にしてしまっている。

古典文法は、①ゾ、ナム、ヤ、カ～連体形と、②コソ～已然形とのふたつの呼応関係を係り結びとして一括しているが、事実上、両者は関係がない。

天草版『エソポの寓話集』(伝記)に「あれこそ、その熟柿(ジュクシ)をば食べたれ」、すなわち、あの熟したおいしい柿を食べたのは、我々でなく、あいつですよ、とあるように、コソと已然形との呼応は16世紀末の口頭言語にも生きていたが、已然形が仮定形に移行したことによって呼応関係は解消した。現在の若い世代には、「好きコソものの上手ナレ」のような成句に形骸的に残存しているだけであろう。しかし、前述したとおり、コソそのものは現代語にも健在である。

複数の選択肢からひとつを選んで卓立する、いっそう効率的な表現が出現しないかぎり、コソの生命が失われることはない。

　[本書と無関係に執筆した『出版ダイジェスト』2000年11月20日所載の一文から、この主題に関わる部分を、加筆して引用した]

【注】　『徒然草』の段……○一般の常識に従って「この段の結び」と表現したが、この個所はディスコースの結びではない。○この作品は上下2巻が対称

的構造に仕立てられており、連鎖方式の叙述で、それぞれの巻がひと続きになっている。近世の注釈者が適当に段に区切り、現在もそれをそのまま踏襲しているが、適切には区切られていない。[『徒然草抜書』] ○「〜なむあさましき」は、ココデ、大キク切ルヨ、であるから、そのあとがある。それは、「世の人の心まどはすこと、色欲にしかず」で始まる第8段、およびそれに続く第9段である。人間は年をとるとモノノアハレがわからなくなっていく、という指摘で叙述を大きく切り、その困った欠点と付かず離れずの色欲の話題に移っている。ディスコースの流れを原文で確かめていただきたい。

索　引

① 使用された箇所を網羅せず、検索の対象となりうるものに限定する。
② **下線を付した数字**は節の見出しの全部、または一部であることを示す。

あ　行

アオ（現代語）　<u>175</u>
アヲ（古代語）　<u>182</u>, <u>183</u>
青信号の色　<u>168</u>
怪しげな説明　<u>126</u>
石川九楊　66, 114
一次和語　37, 44, 53, 78, 137, 144
一次和語の膠着性　67-68
一次和語への転籍　40
一括型（問題提起）　205
異分析　52
インフォーマル　58, <u>60</u>, 127, 151
埋めコトバ　156
運用効率（→効率的運用）　21, 49, 64, 115, 118, 121, 122, 153, 159, 166
オノマトペ　38注
オランダ語　74, 102
音韻論　112, 113, 122
音節　24注
音便形の機能　<u>151</u>
音便形の形成　<u>149</u>
音便形の整備　<u>153</u>
音便形の歴史的位置づけ　<u>155</u>
音便の定義　140
音便という名称　<u>142</u>

か　行

外来語　33, 45
外来語からカタカナ語へ　<u>102</u>
係助詞コソの機能　<u>248</u>
係助詞ゾの機能　<u>239</u>, <u>245</u>
係助詞ナムの機能　<u>242</u>, <u>245</u>
片仮名　47, 103
カタカナ音韻論　111
カタカナ語　31, <u>32</u>, <u>45</u>, 55, 63, 64, 67, 80, 95, 106, 107, 109, 114, 116
カタカナ語の造語力　46
片仮名文　38, 42注
活写語（二次和語）　<u>37</u>, 38注, 44, 47, 53, 93, 128, 143, 144, 154
活写語の機能　<u>38</u>
活写語の柔軟性　<u>43</u>
活写語に残った [p]　<u>42</u>
仮名　42注, 46, 47注
仮名文　42注
仮名文学作品の漢語　78
亀井孝　43, 138注
カラアキ　216
カラクレナキ　231
漢語　12, 33, 36注
漢語の漢字ばなれ　<u>104</u>
漢語の語形　<u>93</u>
漢語のジレンマ　67

漢語の造語力　69
漢字文　42注
漢文の時代から英語の時代へ　97
キからキイロへ　195
キイロイの形成　199
擬声語／擬音語　37
寄生母音　82
擬態語　37
記述文法　171
規範と記述　176
規範文法　171
逆形成　76
逆行同化　136
強化（fortition）　126
共時言語学　26
偶発的欠落　197
屈折語　19, 20
クレノアキ　213, 216, 220
クレナキ　216, 220
言語学　13, 19, 23
言語共同体　19注, 95, 119, 198
言語の分類　22注
言語変化　118
『源氏物語』の漢語　78
現代日本語　24
語彙のグループ　31, 32
語彙の集団差／個人差　94
語彙の変動に連動する変化　48
口語文法　171
膠着語　20
膠着性　67
合理性／合理的　20, 21
合流　72
効率的運用（→運用効率）　24, 62, 64, 81
効率的伝達　139, 199

語音結合則　53, 77, 113, 164
国学　19注, 23
国語学　23, 72　140
国語史　17, 18注, 24
国語史研究　122
国語史の限界　26
国文学　23
語形の縮約　229
語源　76, 77
語構成意識　57, 109, 148
語構成の透明度　229
古代中国語からの借用　72
古典的音韻論　165
語頭に濁音をもつ一次和語　54
個別型（問題提起）　205
個別変化　136, 137, 164
孤立語　20
コレア語　32, 89
紺青　202

　　　　さ　行

佐竹昭広　172, 173
時間軸上の現代日本語　24
色名の進化過程　179, 207
辞書信仰　172, 175
社会環境の変化　25
社会言語学　85
弱化（lenition）　126
借用語　32, 72
借用語の語形　74, 89, 91
重音脱落　40
順行同化　136, 137
証明の手順　226
書記テクスト　34, 37注, 59, 116, 126, 134, 138, 156, 166, 184, 210, 223
女性差別の歴史　85

索　引

素人論　10
唇音化　129
唇音退化　119, 122, 127, 139
スペイン語　102
スラーリング　146, 155, 231
制約的社会慣習　102
接続助詞の発達　241
接続詞　236, 238, 248
接続詞承接型　248
専門用語　96, 129
ソシュールの二元論　26

た　行

退化　127
体系的欠落　197
体系的変化　135, 136
体系内に潜在する要素　92
体系への配慮の欠如　124注
ダイダイ色　193
単音節語で残った名詞　60
単音節名詞から多音節名詞へ　57
短母音　111
短絡的説明　64
談話　125, 126注
地名語源　76
長音　111, 112
長母音　111
長母音の短母音化　111
チャイロ、チャイロイ　200
直覚　34, 35, 36注
通時言語学　26, 124
ツギハギ型　110
ディスコース　126注, 243, 245
ディスコースにおける係助詞ゾ、ナムの機能　245
ドイツ語／独逸語　102, 103

同音異義語　49, 70, 92, 98
特殊音節　112
読唇術　127, 128注

な　行

2音節名詞の語構成　52, 56
二重言語・日本語　65, 114
二次和語　43
2／2のモデル　108
日本語史　16, 18注
日本語社会　18, 19注, 95
日本語の色名　178
日本語の4原色　175
日本語話者　10, 14注, 175, 176
女房詞　130
ネイティヴスピーカー　14注

は　行

ハ行子音の運命　132
ハショリ型　110
発音(上)の便宜　140以下
発音労力の軽減　124
反対色　175
非唇音化　129
フォーマリティー　156
フォーマル　58, 60, 151
複合名詞の語構成　50
副助詞シの機能　247
フランス語／ふらんす語　102, 103
文体指標　151, 155, 156, 158, 160
文体指標の多様化　159
分類のための分類　33
変化の予測　17, 19
抱合語　22注
母語　14注
母国語　14注

ポルトガル語 102

ま 行

見せかけ 26
ミドリ <u>187</u>, <u>191</u>
ミドリコ <u>190</u>
モーラ／モーラ音素 112
本居宣長 142, 143, 151, 245
モモイロ 193

や 行

ヤマトコトバ 33, 78, 81
有用性 <u>16</u>
ヨーロッパ(諸)語 127, 128注, 208
四つ仮名の混同 120, 122注

ら 行

理論の破綻 246
類型論 20
類似した語形の共存 83, 151, 158, 160, 221

わ 行

和語（→一次和語、活写語） 33
和語の臓器名 73
和製英語 45

第2刷補注

各項の数字は、対応する章節番号を示す。

2.04 借用語の語形 (p.74)

宝石のdiamondは、「朝日新聞の記事」の検索結果によるとダイアモンド169件、ダイヤモンド6277件であると佐々木勇氏に教えていただいた。頻度の差は圧倒的である。「語形が整備されてダイアモンドに置き換えられた」は、内省（introspection）だけに基づく早トチリであった。記述言語学の時代に言語研究を志したのに初心を忘れていた。検索調査を行った広島大学の学生諸君に感謝したい。朝日新聞の最近の記事では、マンハッタンの「ダイアモンド街」など、ダイアモンドは、アメリカ、カナダのニュースに集中している。数だけでなく分布にも注目する必要がある。

2.16 雇用のソーシツ (p.99)

「ただし、繰り返し使われたら決まり文句になるから、「雇用の喪失」と言ったつもりでも「雇用の創出」と聞き取られることになる」と記したが、不景気がさらに悪化し、失業問題がいっそう深刻になったために「雇用の創出」は決まり文句になった。

2.18 漢語の漢字ばなれ (p.104)

北朝鮮によるラチ事件がメディアで頻繁に取り上げられるようになり、いつのまにか、表記が「ら致」から「拉致」に移行した。常用される漢語の読み取り効率が公的制約よりも優先された結果である。こ

の事実は、「常用漢字表」のコンセプトに欠落していた要因があることを教えている。

3.02　唇音退化についての疑問 (p. 122)

　ドイツで比較言語学を学んで帰国した上田万年は、「P音考」(1903)を公表して注目を浴びた。現代語の「H音」は「P音」から「ph或はfの発音」を経て生じたものであるというのがその主旨である。

　中条修 (1989) は、「この上田万年の説は、若干補正すべき部分はあるが、現在では定説となっている」(『日本語の音韻とアクセント』勁草書房) と評価している。「若干補正すべき部分」とは、現代語に [p] が使用されている理由を説明できないことなどをさしているのであろう。中条修は、漢語の影響で中世に [p] が復活したと述べて補正している。

　20世紀初頭の「P音考」が「現在では定説となっている」としたら、この領域の研究者は90年も、そして、同書は大学のテキストとして現在も刊行されているから100年も、冬眠を続けていることになるが、その期間に言語学は長足の進歩を遂げている。定説と崇めて祖述する伝統的姿勢が今日の沈滞を招いていることを認識すべきである。ちなみに、本書の筆者は、『日本語の音韻』(1981) のなかで、[p] が [p] と [ɸ] との二つに分裂したと考えるべきことを述べており、本書でもその立場で考えているが、上引の書には同書が参考文献の一つにあげられていながら、そのことについて言及も批判もされていない。

3.06　母と狒々 (p. 129)

　筆者の記憶では、少なくとも1950年代ぐらいまで、庶民階層の母親

はカーサンかカーチャンが多かった。雨降りの日、蛇の目でお迎えに来てくれたのはカーサンであるし、もっと後の時期でも、「お鼻が長いのね」とよびかけられたゾウサンは「そうよ、カーサンも長いのよ」と答えている。この段階で、カーサンは私の母親であり、オカーサンはあなたの母親であったが、気がついたら、一般家庭からカーサンやカーチャンがいなくなりオカーサンやママになっていた。あなたのを表わしていた接頭辞オが、上品な言いかたに移行したからである。オカミサンがオクサンに吸収され、さらに、オクサマに移行する現象も平行して生じている。自分の母親もあなたの母親もオカーサンになると、語形の違いで区別すべきだという規範意識が作用して、ワタシノにハハが導入される。しかし、オカーサンという同じよびかたが、家では自分の母親で、外に出ると相手の母親になるという使い分けはわずらわしいし、ハハには聞こえの悪さという問題がある。このように分析してみれば、現在の状況は簡単に説明できる。

4.08　日本語史からみた音便形形成の意義 (p. 155)

　下二段活用動詞に音便が生じなかった理由は、つぎのように説明したほうが説得力がある。

　四段活用の場合には、終止形と連体形とを除いて、それぞれの活用形語尾が違っているが、下二段活用では未然形と連用形と語尾が同じであるから、弱化を生じると「流エむ」（未然形）、「流エて」（連用形）となるために、未然形にも音便が形成されて四段活用と均衡が取れなくなるので、下二段活用動詞音便は生じなかった。

4.11　オナイドシという語形 (p. 165)

　オナジドシのような濁音音節の連続は回避される。それは、語構成がオナ＝ジトシなのかオナジ＝トシなのかを反射的に識別しにくいからである。「舌鼓」は、本来、シタ＝ツズミであるが、そのまま連濁を生じるとシタズズミになるために、もとの語形よりも連濁が優先されて、後部成素の第２音節が清音化して、ふつうにはシタズツミになっている。たいていの国語辞典は、「したつづみ」の項目の末尾に「したづつみ」を挙げているが、この仮名遣いから析出される語構成は「舌＝包み」である。「腹鼓」にも「舌鼓」と並行する現象が認められる。東京の電気街「秋葉原」は、アキハバラ、アキバハラの両形で揺れている。

5.14　キからキイロへ (p. 195)

　コレル、ミレルなどの可能用法は〈ラ抜きコトバ〉と俗称されているが、ぞんざいな発音でラが脱落した語形ではなく、可能動詞の形成とみなすべきである（『日本語はなぜ変化するか』）。

　〈ラ抜きコトバ〉と同じ捉えかたをすれば、「静かなる」から変化した「静かな」は〈ル抜きコトバ〉であるが、無条件に正しい言いかたになっている。批判する人たちがこの世にいなくなれば、コレル、ミレルも無条件に正しい日本語になる。キナル＞キナの場合のように、体系的変化によって不都合な語形が形成されれば、キナ＞キイロイのように、個別的変化によって運用上の不都合が解消される。

5.16　チャイロ、チャイロイなど (p. 200)

　「茶」も唐音である、と記したことについて、佐々木勇氏の演習で

は、十種ほどの漢和辞典に「慣用音」と記されていることが報告されたとのことである（上記の補注 2.04 参照）。中国原音との規則的対応によって形成された唐音とみなしにくいことは事実である。ただし、慣用音と俗によばれているものは、漢音、呉音、唐音としての規則から外れた漢字音の総称にすぎず、いわばゴミ溜めであるから、対応の規則から外れている理由はさまざまである。たとえば、「通」の日本字音は中国原音との対応関係から「トウ」が期待されるのに、「ツウ」になっているために慣用音とされているが、それ以上の説明はなされえていない。さしあたり、ここには広島大学の学生諸君による調査結果を紹介するにとどめておく。

第 2 刷　補記

　読者のみなさまの温かい支持を得て増刷のはこびになったので、この機会に、お寄せいただいた第 1 刷の誤記や不備を訂正し、表現を改め、補注を加えることができた。記して謝意を表したい。

　主として大学関係のかたがたから、「概説書」として一括せずに、著者や書名を明記してほしいという御助言、御要望を頂戴したが、あえて手を加えなかった。最近刊の何冊かを対象としただけであって、現行のどの概説書にも理論の脊椎が欠けており、巨視的には大同小異であるという筆者の評価は変わっていない。

小松　英雄（こまつ　ひでお）
＊出　生　　1929年，東京
＊現　在　　筑波大学名誉教授。文学博士。
＊著　書
　　日本声調史論考（風間書房・1971）
　　国語史学基礎論（笠間書院・1973：増訂版・1986）
　　いろはうた（中公新書558・1979）
　　日本語の世界7〔日本語の音韻〕（中央公論社・1981）
　　徒然草抜書（三省堂・1983：講談社学術文庫・1990）
　　仮名文の原理（笠間書院・1988）
　　やまとうた（講談社・1994）
　　仮名文の構文原理（笠間書院・1997：増補版・2003）
　　日本語書記史原論（笠間書院・1998：補訂版・2000）
　　日本語はなぜ変化するか（笠間書院・1999）
　　古典和歌解読（笠間書院・2000）
　　みそひと文字の抒情詩（笠間書院・2004）

日本語の歴史　青信号はなぜアオなのか

2001年10月30日　初版第1刷発行
2004年3月30日　再版第1刷発行

著者　小松英雄
装幀　芦澤泰偉
発行者　池田つや子
発行所　有限会社　笠間書院
東京都千代田区猿楽町2-2-5 〔〒101-0064〕
電話 03-3295-1331　Fax 03-3294-0996

ISBN4-305-70234-7　Ⓒ KOMATSU 2001　藤原印刷・牧製本
乱丁・落丁本はお取り替えいたします。（本文用紙・中性紙使用）
出版目録は上記住所または下記まで。
http://www.kasamashoin.co.jp

…小松英雄 著…

古典和歌解読
和歌表現はどのように深化したか
日本語史研究の立場から、古今集を中心に、和歌表現を的確に解析する有効なメソッドを提示。この実践的な方法は、書記テクストを資料とする日本語研究のガイドラインにもなり、日本語史研究のおもしろさを伝える。
4-305-70220-7　Ａ５判　本体1500円

日本語書記史原論　補訂版
書記テクストに反映された言語は歪んだ鏡像である―。情報を蓄蔵した書記としての観点を欠いたままの解釈が通行した為に、日本語史研究は出発点を誤った。古代からの書記様式の徹底的な解析から説き起こす。
4-305-70180-4　Ａ５判　本体6800円

日本語はなぜ変化するか
母語としての日本語の歴史
日本人は日本語をどれほど巧みに使いこなしてきたか。人間は言語をどれほど巧みに使いこなしているか。ダイナミックに運用されてきた日本語を根源から説きおこし日本語の進化の歴史を明らかにした。
4-305-70184-7　四六判　本体2400円

仮名文の構文原理　増補版
和歌を核として発展した仮名文を「話す側が構成を整えていない文、読み手・聞き手が先を見通せない文」と定義。こうした構文を〈連続構文〉と名づけ、和文の基本原理に据える画期的な提言。和歌・物語読者必読。
4-305-70259-2　Ａ５判　本体2800円

みそひと文字の抒情詩
古今和歌集の和歌表現を解きほぐす
藤原定家すら『古今和歌集』の和歌が理解できていなかった――長らく再刊が待たれていた旧著『やまとうた』をベースに全面書き下ろし。奥深く秘められた和歌の〈心〉にアプローチする方法を、分かりやすく提示。
4-305-70264-9　Ａ５判　本体2800円